"十四五"职业教育国家规划教材

| 职业教育电子商务专业 系列教材 |

网店视觉营销设计与制作

主 编／叶丽芬

副主编／何妙佳 李 卓 陈川川

参 编／（排名不分先后）

金正华 杨 雪 刘敬敬

重庆大学出版社

内容提要

本教材结合企业对网店美工岗位的需求和网店运营推广"1+X"证书的职业技能要求，重构以职业能力为导向的"课证岗"融合的网店美工教材，把企业项目和"1+X"证书的技能鉴定内容纳入教材内容，开发基于工作过程的项目化实训教材，重视实践教学，遵循科学的职业教育理念。本教材在社会主义核心价值观和中华优秀传统文化教育思想引领下，从了解视觉营销价值入手，以如何一步一步为乐乐包袋皮具公司打造有视觉冲击力的网店为主线，理论结合项目案例，介绍视觉色彩、文字、构图基本知识，撰写网店文案，设计网店广告，制作淘宝短视频，设计店铺的C店、手机店、微店。让学生在项目化实践过程中，树立岗位责任意识，培养学生对作品精益求精的工匠精神，成为具备独立从事网店页面设计能力的实践型人才。本教材可作为职业院校电子商务或其他相关专业教学用书，也可作为网店运营推广"1+X"证书（初级）美工内容的指导用书或网店美工设计人员的培训资料。

图书在版编目（CIP）数据

网店视觉营销设计与制作 / 叶丽芬主编. -- 重庆：
重庆大学出版社，2022.12（2024.1重印）
职业教育电子商务专业系列教材
ISBN 978-7-5689-2964-6

Ⅰ.①网…　Ⅱ.①叶…　Ⅲ.①网店—设计—职业教育
—教材　Ⅳ.①F713.361.2

中国版本图书馆CIP数据核字（2021）第196039号

职业教育电子商务专业系列教材
网店视觉营销设计与制作
WANGDIAN SHIJUE YINGXIAO SHEJI YU ZHIZUO
主　编　叶丽芬
副主编　何妙佳　李　卓　陈川川
责任编辑：王海琼　　　版式设计：王海琼
责任校对：邹　忌　　　责任印制：赵　晟
＊
重庆大学出版社出版发行
出版人：陈晓阳
社址：重庆市沙坪坝区大学城西路21号
邮编：401331
电话：（023）88617190　88617185（中小学）
传真：（023）88617186　88617166
网址：http://www.cqup.com.cn
邮箱：fxk@cqup.com.cn（营销中心）
全国新华书店经销
印刷：重庆亘鑫印务有限公司
＊
开本：787mm×1092mm　1/16　印张：13.5　字数：339千
2021年9月第1版　　2024年1月第3次印刷
印数：6 001—9 000
ISBN 978-7-5689-2964-6　定价：59.00元

编写人员名单

主　编

　　叶丽芬　珠海市第一中等职业学校

副主编

　　何妙佳　东莞市商业学校

　　李　卓　珠海市第一中等职业学校

　　陈川川　珠海市第一中等职业学校

参　编（排名不分先后）

　　金正华　珠海市理工职业技术学校

　　杨　雪　珠海市技师学院

　　刘敬敬　中教畅享（北京）科技有限公司

随着电商的飞速发展，电商行业对视觉设计要求越来越高，电商行业岗位开始垂直细分，电商的视觉营销应运而生。作为电商的典型岗位——网店美工，视觉营销的时代急需该岗位的高技能人才来为企业服务。而大部分电商专业的学生没有受过严格的专业美术训练，难以胜任此项工作。其实，只要掌握了正确的方法和规则，每个人都可能制作出适合产品销售的网店视觉设计。但市面上网店美工的教材大部分重视Photoshop技法训练，忽视产品整体设计与制作能力，忽略了学生技能的实践应用和职业能力的培养。本教材作为课程的重要载体，为了更好地服务于职业教育教学改革，服务于电商行业的升级，密切关注电商企业对网店美工人才的需求，大力推进精品教材的建设。

同时，网店运营推广"1+X"职业技能等级证书面向电子商务专业学生，而网店美工视觉营销设计又是该证书的核心内容。所以，本教材根据网店运营推广"1+X"证书明确提出网店美工应具备的职业技能要求，结合经济发展下企业对网店美工岗位的需求，重构以职业能力为导向的"课证岗"融合的网店美工教材，把企业项目和"1+X"证书的技能鉴定内容纳入教材内容，开发基于工作过程的实训项目。采用典型工作任务项目化开发模式，打破原有的以理论为主的内容结构，根据工作任务进行项目设计，注重培养学生的工匠精神，重视实践教学，遵循科学的职业教育理念，确定各项目学习目标和学习内容。让学生通过项目化的实践，在真实的学习情境中学习并掌握网店视觉设计技能，使其真正高效地为教学服务，提高人才培养质量。

本教材在社会主义核心价值观和中华优秀传统文化教育思想引领下，从了解视觉营销价值入手，以如何一步一步为乐乐包袋皮具公司打造有视觉冲击力的网店为主线，理论结合项目案例，介绍视觉色彩、文字、构图基本知识、设计店铺首页、详情页、自定义页、撰写网店文案等。在知识传授和能力培养过程中，强化学生家国情怀、弘扬社会主义核心价值观、传播爱国爱党积极向上的正能量，树立岗位责任意识，培养学生对作品精益求精的工匠精神。本教材旨在培养学生熟悉消费者购物心理和浏览习惯的能力，能用精美的图文表达产品的卖点；对色彩搭配和网页布局有丰富经验，能对首页、详情页、自定义页进行视觉营销设计，有良好的审美观；能够根据公司产品的上架情况和促销信息制作促销广告，具备能独立从事网店页面设计的实践型人才。

采用本教材进行教学时，可参考学时分配如下：

序号	项目	参考学时
1	走进网店视觉营销	8
2	优化网店视觉营销的构成元素	14
3	打造网店图文的视觉营销盛宴	14
4	制作网店视频	14
5	提高淘宝C店装修的视觉效果	14
6	提升手机端淘宝店铺装修的视觉效果	8
7	提高微店装修视觉化设计	8
合　计		80

　　本教材配套资源丰富，含有电子课件、教案、视频教程、PSD格式的效果原图，供教师教学参考，若有需要可登录重庆大学出版社资源网站（www.cqup.com.cn）下载。

　　本教材由叶丽芬担任主编，何妙佳、李卓和陈川川担任副主编。其中项目1和项目5由叶丽芬编写；项目2由李卓编写；项目3由陈川川编写；项目4由何妙佳编写；项目6由杨雪编写；项目7由金正华编写。中教畅享（北京）科技有限公司的产品经理刘敬敬全程参与教材编写，负责网店美工岗位人才需求的市场调查，收集整理企业真实项目案例素材，以及协助构建教材数字化资源。

　　限于作者编写水平，书中难免出现疏漏和不妥之处，恳请广大读者批评指正。

　　电话：023-88617115。

编　者

目　录

‖‖‖‖ 项目3 打造网店图文的视觉营销盛宴

‖‖‖‖ 项目4 制作高质量的淘宝短视频

实战篇

项目5 提高淘宝C店装修的视觉效果

项目6 提升手机端淘宝店铺装修的视觉效果

项目7　提高微店装修视觉化设计

基础篇

项目1
走进网店视觉营销

☐ 项目综述

　　近年来，电子商务成为推动"互联网+"发展的重要力量和中国新经济的重要组成部分，网购已成为人们最重要的购物方式之一。根据统计，截至2021年5月，淘宝店铺1 000多万家，天猫店铺300多万家，产品更是数以亿计，但产品同质化严重。如何让自己的店铺和产品脱颖而出？如何第一眼能吸引住消费者的目光呢？众所周知，视觉在人类所有感觉中占主导地位，所以，此时不得不谈及一个重要的概念就是"网店视觉营销"。通过视觉冲击，引起顾客注意，唤起顾客兴趣，激起顾客购买欲望，促成顾客采取购买行为，这是网店视觉营销的目的所在。跟随本项目，我们一起走进网店视觉营销，了解视觉营销的基本概念、意义价值、实施原则、设计误区和提高视觉效果设计的配色工具等内容。

☐ 项目目标

　　通过本项目的学习，应达到的具体目标如下：

知识目标

◇了解视觉营销的基本概念。

◇知道视觉营销对网店的重要性。

◇了解视觉营销的意义价值。

◇了解视觉营销设计要遵循的实施原则。

◇知道视觉设计的误区。

能力目标

◇能有效地避免视觉营销设计的误区。

◇能熟练使用配色软件ColorSchemer Studio。

◇学会使用配色网，辅助提高色彩搭配的能力。

素质目标

◇激发学生对网店美工岗位的兴趣，树立岗位责任意识。

◇培养学生细心专研的工匠精神。

◇增强学生发现问题、分析问题、解决问题的能力。

◇增强学生专业视觉审美水平。

◇感受色彩变化。

项目思维导图

基础篇：走进网店视觉营销

- 任务1 认识视觉营销
  - 活动1 了解视觉营销的基本概念
  - 活动2 了解视觉营销的价值
- 任务2 遵循视觉营销的实施原则
  - 活动1 了解视觉营销的实施原则
  - 活动2 避免视觉营销的误区
- 任务3 提高视觉效果的配色工具
  - 活动1 初识配色软件ColorSchemer Studio
  - 活动2 体验配色网

任务1
认识视觉营销

情境设计

相对于实体店，电子商务更加讲究"用户体验"。随着电子商务的发展，消费者对网店的视觉设计要求越来越高，网店不再是产品信息的简单罗列，而更应该是体现网店特色、产品灵魂，通过视觉冲击和审美感观提高顾客兴趣，达到产品或服务的推广目的。视觉营销的表象是视觉呈现，其核心目的是营销。网店视觉营销就是要塑造一个具有良好用户体验的网店，让目标顾客容易进、容易看、容易选、容易买、容易回，让商品转化率与营销额产生直接联动。小可即将成为网店美工的从业人员，想通过学习视觉营销，提高岗位技能和提高自己的核心竞争力，我们跟随小可，一起来认识视觉营销吧！

任务分解

视觉是一种影响消费者行为的重要先决因素。随着电商的快速发展，视觉营销深受关注，为什么视觉营销会引起大家的重视呢？本任务主要分为以下两个活动：①了解视觉营销的基本概念；②了解视觉营销的价值。

活动1 了解视觉营销的基本概念

活动背景

小可最近经常听到"网店视觉营销"这个词语，什么是视觉营销？在网店商品同质化和价格透明化的今天，作为网店美工师，如何使用视觉手段来达到营销的目的呢？我们跟小可一起来学习一下吧。

活动目标

了解网店视觉营销的起源、基本概念等,为了解视觉营销的信息传递和定位打下坚实基础,同时激发学生对网店美工岗位的兴趣。

活动实施

活动步骤如下:

1.了解网店视觉营销的起源

视觉营销(Visual Merchandise Display, VMD),源自视觉展示理论,是一种新的市场营销手段,一种借助商标、描述性符号和自身文化元素来表现自己品牌的视觉展示。最早应用于服饰行业终端卖场,通过服饰商品的陈列和形象化展示,对顾客的视觉造成强劲攻势,实现与顾客的沟通,以此向顾客传达商品信息、服务理念和品牌文化,达到促进商品销售、树立品牌形象的目的。近几年,随着互联网技术和电子商务的快速发展,网店销售日益兴盛。为了能吸引消费者眼球,促进销售,网店的装修与商品陈列也开始关注视觉营销。

2.知道网店视觉营销的概念

进入21世纪,随着互联网电子商务的发展,一些学者关注到网络空间视觉营销的重要性,并对基于电商平台的网店视觉营销进行了定义,但目前对网店视觉营销的定义还没有统一认识,比较主流的观点是杨银辉认为:网店视觉营销是指在网络环境下,利用色彩、图像、文字等造成的视觉冲击力来吸引潜在顾客的关注,由此增加产品和店铺的吸引力,从而达到营销制胜的效果。

3.认识视觉营销打造网店引力"磁场"的作用

视觉是手段,营销是目的,视觉以营销为出发点,营销则是通过视觉进行实现,两者关系是相辅相成的。视觉营销融合了营销学、美学、文艺学、艺术和媒体摄影等内容,通过视觉冲击,引起顾客注意,唤起顾客兴趣,激起顾客购买欲望,促成顾客采取购买行为,这是网店视觉营销的目的所在。网店不同于实体店铺,从目前的网络技术发展水平来看,客户对网店商品主要还是通过文字描述、图片和短视频展示来了解,而不能像在实体店铺里一样与商品进行"亲密接触"。因此网店的吸引力打造主要通过色彩、图像、文字、短视频、布局在店铺"装修"效果来呈现和传达品牌文化、商品信息、服务理念、店铺活动等。而网店的视觉营销设计包括店铺装修、主图设计、商品陈列、短视频制作、活动广告等,形成如图1.1.1所示的吸引力"磁场"。

图1.1.1

活动评价

通过本活动，小可了解网店视觉营销的概念，知道视觉营销的发展情况，基本了解视觉营销设计包括哪些模块的设计，小可对视觉营销设计非常感兴趣。

活动拓展

登录淘宝网，收集一些能够展现视觉营销的海报，分析其视觉营销的具体体现，分析哪些属于好的视觉营销，哪些视觉效果不够完整。

活动2 了解视觉营销的价值

活动背景

在当下视觉营销时代，色彩、图像、文字对潜在顾客造成的冲击力有目共睹，视觉营销的价值不容小觑，是网店中不可或缺的营销手段。视觉营销在增加店铺整体形象和产品吸引力的同时，也提升了流量的转化和成单量，让店铺的有效流量再次转变为忠实流量。我们跟着小可一起了解视觉营销的价值，认识到网店视觉营销的重要性，让其助我们一臂之力吧！

活动目标

了解网店视觉营销的价值，认识网店视觉营销的重要性。

活动实施

活动步骤如下：

视觉营销是为提高营销的目标而存在的，"一切不以销售为目的设计，都是徒劳"，销售额=流量×转化率×客单价。所以，视觉营销主要围绕着如何提高流量、转化率、客单价进行设计。

1.了解流量对网店的重要性

引流是决定成功与否的关键，客户只有访问了店铺才可能下单，如果店铺无人访问，则一切的促销手段都失去了实施的基础，而对应的价值也得不到体现，所以开店的头等大事就是"引流"。流量具体分为PV、UV、IP 3个指数，如图1.1.2所示。其中，IP便于统计，具有较高的真实性，能比较真实地体现店铺的人气，所以成为大多数机构衡量网站流量的重要指标。

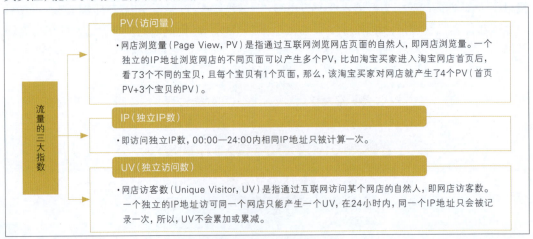

图1.1.2

流量的获取包括自主访问流量（直接访问、店铺收藏、购物车、已购买商品）、付费流量

（如淘宝客、直通车、钻石展位等活动）、站内流量（如淘宝论坛、淘宝帮派等）、站外流量（新浪博客、抖音、快手、百度等），其中自主访问流量是所有流量中质量最高的流量，这类流量具有很强的稳定性，且成交转化率极高，可以很直观地看出访问网店的买家性质和质量。通过视觉营销设计，可提高视觉冲击力，有效地提高流量。

　　直接访问是指淘宝买家在搜索栏中直接输入商品名称或者是网店名称进入网店访问的行为。如图1.1.3所示，直接在搜索栏中输入商品名称或者网店名称，即可看到相关商品。直接访问流量对商品的成交转化率有一定的影响，因为这类淘宝买家有很强的购物意愿，但是在购物过程中容易受到价格、主图效果等因素的影响，从而转移成交率。所以，淘宝卖家在针对买家群体时，尽量把商品的主图设计得更加具有吸引力，引起买家的注意力，增加网店的访问量。

图1.1.3

2.认识转化率

　　转化率是指网店最终下单访客数（UV）与当天网店浏览量（PV）的比值。视觉营销的作用就是通过视觉冲击，引起顾客注意，唤起顾客兴趣，激起顾客购买欲望，促成顾客采取购买行为，从而提高转化率。一个出色的设计方案，不仅能用新、奇、特吸引顾客的注意力，让顾客对产品感兴趣，引导顾客继续往下看，还能增强对产品的信任和喜爱，最后形成购买行为。

　　如图1.1.4所示的苏宁电器"618"预售活动广告的设计，优秀的视觉设计能将顾客的视觉重点引导至广告的主题上，图片中的"GO"的按钮设计，激发顾客点击的欲望，是提升转化率的关键。

3.提高客单价

　　提高客单价是每个店铺的重要工作之一，店铺的盈利与客单价息息相关，提高客单价能提高商品的利润，是消费者满意度的体现。通过提高淘宝店铺装修的视觉效果、营销推广、客服服务态度以及产品质量等策略，可以有效地提高客单价。如图1.1.5所示的详情页关联销售，把几个互补的商品搭配起来销售，比如买衣服搭配裤子或者鞋子，搭配得好就有很多顾客愿意买单，视觉设计上引导消费者购买相关产品，有效地提高客单价。

图1.1.4

图1.1.5

4.传播品牌文化

视觉是无声的语言,通过视觉传播其品牌文化,引导大众深刻理解品牌,是视觉最重要的展现部分。当标志、图片、产品、橱窗、陈列等营造出品牌的消费意境和情调时,立刻发挥出启发思维、引导销售和加深印象的作用。如图1.1.6所示,三只松鼠旗舰店的首页设计。

图1.1.6

活动评价

通过本活动的学习,小可理解了流量三大数据IP、PV、UV,了解视觉营销的流量、转化率、客单价的影响,掌握了视觉营销设计对品牌文化的传播功能,小可觉得学习视觉营销设计非常重要。

活动拓展

为了提高销售额,宝妈开设了网店"宝妈的创业梦",销售自己的农产品,但宝妈不懂网店装修设计,虽然价格很亲民,但客流量很少,想请小可帮忙诊断网店的视觉设计问题,图1.1.7是淘宝店铺的首页视觉设计的效果,请你指出哪些视觉效果不够完整,该如何改进。

图1.1.7

任务2
遵循视觉营销的实施原则

情境设计

电商发展至今,已经过了爆款红利时代。随着电商品类的不断壮大,和消费群体的不断提升,身经百战的消费者品位也越来越高。营销花样年年变,视觉设计恒永久。在电商平台上,视觉设计已经成为消费者网店认知和品牌认知的首要因素。如何通过提升网店视觉效果来给消费者更好的购物体验,其中一个非常直观的因素就是视觉创意设计。那网店视觉营销设计需要遵循怎样的原则? 我们跟着小可一起了解一下吧!

任务分解

消费者对于网店的视觉体验越来越重视,相应的要求也就越来越高,因此美工师在对网店进行视觉营销设计的过程中要遵循一定的原则,避免踩雷。本任务主要分为以下两个活动:①了解视觉营销的实施原则;②避免视觉营销的误区。

活动1 了解视觉营销的实施原则

活动背景

一年一度的"双11"大战，是全链条式"大阅兵"，商家们都使出浑身解数争夺眼球，各大电商主会场的商品更是琳琅满目，让人目不暇接，也正是这个时候，视觉设计的作用更加凸显，甚至将直接导致进店流量的转化。为了迎接"大阅兵"，美工团队要根据视觉营销的实施原则更新公司网店的装修设计，视觉营销有哪些实施的原则呢? 我们跟随小可一起了解一下吧!

活动目标

了解网店视觉营销实施的基本原则，并能根据原则辨认视觉营销设计页面的好坏。

活动实施

活动步骤如下:

真正优秀的视觉设计不是独立成环，而是与店铺运营、文案、产品、品牌、消费者心理等各个因素紧密结合。视觉营销实施的基本原则包括目的性、审美性、实用性三大原则。

1.了解视觉营销实施的基本原则——目的性

网店本身就是虚拟的店铺，视觉是一切购买的前提，"一切不以销售为目的的设计都是要流氓"。所以，通过视觉冲击力来吸引消费者形成购买是最主要目的。做视觉营销绝对不是为了美，而是为了营销。网店是由一张张图片、文字、视频组合起来的。文字要简短精辟、富有吸引力，能引起共鸣;图片设计颜色搭配合理，精致美观，有视觉冲击力;分析目标客户群的需求，产品要全面展示产品概貌、功能、特征，让人产生购买的欲望，以达到营销胜利的效果。

例如图1.2.1所示的百度云摄像头的5张大海报，几个关键词:随时、安心、放心、可靠、省心，海报中的人物是家喻户晓的superstar，并且整个页面有一定的故事性和想象空间，让人印象很深刻，并且引起了好奇心，能产生共鸣。

图1.2.1

如图1.2.2所示的三只松鼠旗舰店的产品主图设计，色彩搭配跟店铺风格一致，促销信息突出，产品图片让人垂涎欲滴，激发购买欲望。

2.感受视觉营销实施的基本原则——审美性

视觉营销自始至终都要注重视觉感受，试想如果店主看自己店铺都不喜欢的话，又如何说服顾客下单呢?网店装修好了是不是就可以撒手不管了呢? 网店需要我们定期根据活动更新店铺的布置，让客户们每次来都有一个很好的心情，消除审美疲劳。

　　如图1.2.3所示的小熊电器官方旗舰店，根据"618"年中大促活动精心布置的店铺装修，充分体现节日活动氛围。

图1.2.2　　　　　　　　　　　　　　　　　　　　　　图1.2.3

3.认识视觉营销实施的基本原则——实用性

　　实用性影响着顾客对网店的体验度。如果顾客进入一家网店，网店的页面设计文字过小无法看清内容、图片模糊不清、排版混乱无分类找不到相关产品、产品链接无效或跳转错误等，都会造成顾客体验不佳，流量白白流失的问题。所以，视觉营销的实用性就是服务于好客户的需求，权衡好可操作性，提高顾客对网店的体验性。设计时巧妙地使用文字或图片说明，使客户更容易地熟悉商店的操作功能和产品的结构。了解消费者自身的消费习惯，改进页面设计的效果，提升其舒适性价值。

　　如图1.2.4所示的某官网手机广告图，设计风格能体现产品格调，提升产品品质感，传达信息明确精准。"立即抢购"的信息有助于顾客精准跳转至产品的详情页，符合消费者的浏览习惯，很好地引导流量的转化，体现了视觉营销设计的实用性。

图1.2.4

活动评价

　　通过本活动的学习，小可理解了网店视觉营销实施的三大基本原则——目的性、审美性、实用性，并能根据三大原则辨认视觉营销设计页面的好坏。

活动拓展

自从"双11购物狂欢节"以来，优衣库于2012年开始参与其中，并已连续6年蝉联天猫"双11"服装类销售No.1，2019年"双11"，优衣库全国门店在11月8日提前开抢，以历史最快速度破天猫旗舰店10亿销售额的优衣库，这背后到底蕴藏了什么秘密？请登录"优衣库官方旗舰店"，根据视觉营销三大原则，去分析优衣库如何从视觉上吸引顾客眼球，提高消费欲望，增加购买数量，实现利润最大化。

活动2　避免视觉营销的误区

活动背景

视觉营销是行业最火热的名词，是重要的营销手段，能有效地提高网店的流量和转化率。但是很多店铺在做视觉营销时存在很多误区，我们跟随小可一起了解店铺视觉营销的常见误区，有效地趋利避害。

活动目标

了解店铺视觉营销的常见误区，有效地避开误区，提高视觉营销设计效果。

活动实施

活动步骤如下：

1.认识视觉营销的常见误区——店铺装修无风格定位

店铺装修风格由卖家的产品和定位来决定，它体现着店铺的格调，展示了店铺的层次、特色、专业度，注重整体页面的风格和表达形式、美感。但目前还有很多店铺装修无风格定位，如图1.2.5所示店铺装修，杂乱的排版、色彩的搭配不符合整个店铺主题、颜色太多的问题会造成产品视觉的混乱，更无风格可言。

图1.2.5

2.了解视觉营销的常见误区——店招定位不清晰

店招是作为整个店铺的门面，是全店首屏且最显眼的位置，目的要让消费者一进入店铺，在不了解产品的情况下对店铺有所了解和产生良好的第一印象。因此，店招的作用一定要给客户一个清晰的定位。如图1.2.6所示的"霍爽官方旗舰店"的店招，从店招来看很难了解该店主要销售农产品和产品的特色。店招的定位不清晰，店铺logo、文案内容、文字排版也没有很好设计，店招色彩搭配不能凸显原生态农产品的理念，店招上的新品发布的信息也不足以吸引顾客点击查看。

图1.2.6

范例：如图1.2.7所示，以"明祖湖旗舰店"为例，同样是销售农产品，该店从店招上就能一目了然地知道该店的主营产品为芡实。logo加上广告语"食之以芡　养之于身"，让整个店招饱满又不显得杂乱，同时，店招上摆放近期活动产品，能有效地提高销量，再加上"关注"店铺的按钮，这样方法既简单又能提高店铺的收藏量。

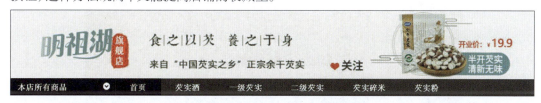

图1.2.7

3.认识视觉营销的常见误区——首屏视觉和排版重视度不够

首屏是全店的黄金区域，是买家进入店铺的第一眼视觉落脚点，一定要极度重视。在首屏的设置上，可以通过设置店铺促销信息、品牌宣传等方式来吸引消费者继续阅读并关注产品。如图1.2.8所示网店首屏就是一堆文字，产品诉求点表达不清，视觉上没有冲击力，文字排版缺乏主次之分，整体显得十分凌乱。不管促销信息力度有多大，很容易让消费者产生厌烦的情绪而忽略文字内容。这些都是首屏视觉营销很大的败点。

范例：吃货官方旗舰店的首屏设计有视觉冲击力，红黄绿色彩搭配，营造浓浓中国年，突出店铺年货节大促活动主题和促销利益点，并利用图片辅助让买家快速了解店铺优惠信息。在排版上主次分明，重点突出，如图1.2.9所示。

4.了解视觉营销的常见误区——宝贝陈列展示视觉效果不够突出

宝贝陈列是店铺经营中需要掌握的必备技巧，好的陈列展示能为买家带来愉悦的心情、体验，进而激发他们购买的欲望。如图1.2.10所示清晰的图片化产品类目导航，图形化的产品类目导航放置在首页，能够让新顾客看到店铺里相关的产品目录。

图1.2.8

图1.2.9

图1.2.10

常见的商品陈列的操作误区有产品搭配无系列感、设计不统一、画面杂乱无章、产品图片没有感染力、产品陈列区域宝贝的数量和品种过多等问题，导致顾客失去耐心。如图1.2.11所示店铺陈列，产品主图设计不统一，产品搭配无系列感，产品图没有感染力，不能吸引连带消费，文字没有统一的排版设计，宝贝陈列区杂乱不堪。

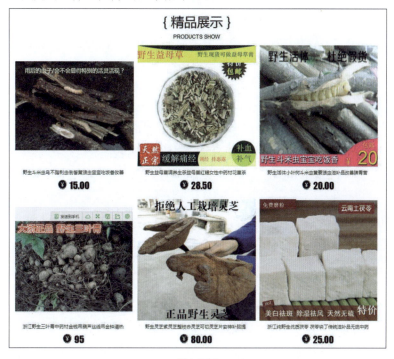

图1.2.11

活动评价

通过本活动的学习，小可能根据店铺主营产品确定装修风格定位，了解店招定位和作用，重视首屏视觉和排版，注重宝贝陈列展示视觉效果，提升了购物体验。

活动拓展

老金磨方旗舰店是一家"卖食补养生"类目为主的天猫店，老金磨方自身由民国时期开创至今也逾百年，该店在同行类目中脱颖而出，视觉差异化做得非常好，顾客无不被该店浓郁的民国设计风所吸引。请在淘宝网上登录"老金磨方旗舰店"，分析该网店如何避开本活动中所述的视觉设计误区，让店铺更有美感，差异化，给消费者更好的购物体验。

任务3
提高视觉效果的配色工具

情境设计

色彩搭配能力是一名合格的网店美工的基本职业素养。色彩是视觉上的感应，网店设计让人看上去舒适、协调，除了文字、图片等内容的合理排版，色彩的均衡也是相当重要的一个部分，配色方案直接关系到设计的效果。然而，对于初学者来说，色彩搭配总是让人难以琢磨，当我们装修店铺或是处理图片时，时常是确定了某种基色，当找不到相应的其他颜色予以搭配而一筹莫展时，我们需要借助配色工具，帮助美工人员找到最合适的色彩搭配方案。通过本任务，我们跟随小可一起学习配色工具，提高我们的色彩搭配能力吧！

任务分解

通过学习配色软件和掌握配色网的配色技巧，提高美工师的色彩搭配能力，提升网店的视觉营销设计效果。本任务主要分为以下两个活动：①初识配色软件ColorSchemer Studio；②体验配色网。

活动　初识配色软件ColorSchemer Studio

活动背景

电子商务专业学生小可即将毕业，可是她没有扎实的美术基础，对于色彩搭配没有把握，每次网店设计时总是无从下手，设计出来的作品总是存在色彩搭配失衡、色彩不够和谐、信息点不突出等问题，作品更是难以让人产生"美"的感受。为了提高色彩搭配的能力，小可了解到配色工具（ColorSchemer Studio）是一款专业的配色软件，具有颜色盘、实时方案、色彩合成器等颜色匹配工具，可以帮助美工人员快速找到最佳的色彩搭配方案。

活动目标

了解配色工具ColorSchemer Studio的功能，能使用该软件的颜色盘、实时方案、色彩合成器，快速找到最佳的色彩搭配方案。

活动实施

活动步骤如下：

1.认识ColorSchemer Studio配色软件

ColorSchemer Studio是一个专业的配色程序，帮你快速、容易地建立漂亮的颜色搭配方案。使用时，浏览颜色有一个动态的视觉颜色盘可以实时查看颜色的是否协调，混合调色，升降颜色值，甚至还能对比、分析和读出颜色值。该软件界面如图1.3.1所示。

2.知道配色方法1——确定主色调，查找实时配色方案

在网店装修设计时，我们经常会确定了某种颜色为基本颜色，即基色，却很难找到与之匹配的其他颜色，尤其对于新手美工从业者来说，色彩搭配经常会出现不协调、太"跳"、不高

级、色彩过于统一无变化，导致画面苍白无力等问题。ColorSchemer Studio软件可以通过确定的基本色入手，找到与之匹配的渐变色、同色系、对比色等，操作如图1.3.2所示。在"基本颜色"标签中设置一个基本色作为主色调，选择"实时方案"，即可获得配色方案，该方案选择的2种颜色与基本色色相不同，但是明度、纯度基本一样。这样不失统一又有色相的颜色对比，该配色方案常用于网店装修设计中。

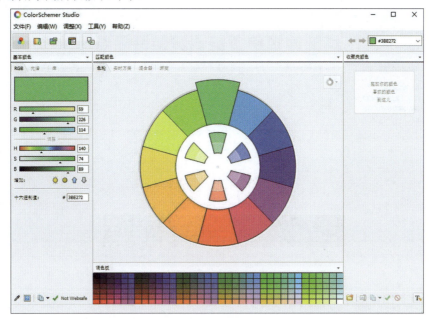

图1.3.1

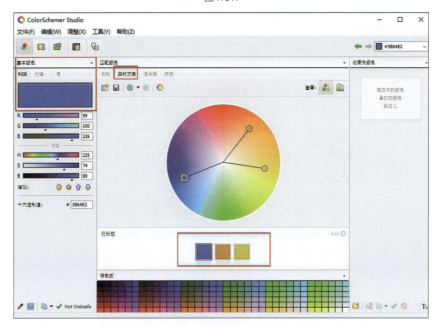

图1.3.2

除了获得实时配色方案之外，该软件还提供了"混合器"和"渐变"功能，可以实现基本色与白色、其他颜色之间形成渐变色,以获取更丰富的配色方案。"混合器"操作如图1.3.3所示,"渐变"操作如图1.3.4所示。

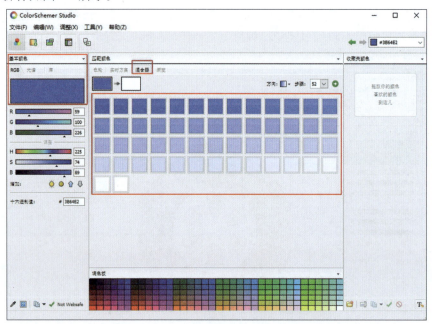

图1.3.3

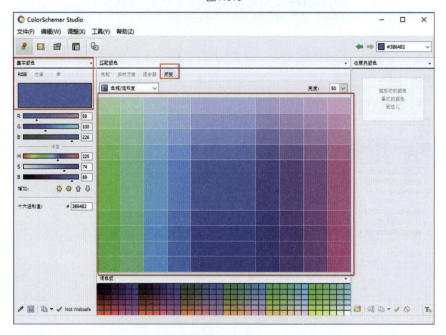

图1.3.4

3.掌握配色方法2——利用商品颜色获取配色方案

在网店装修中,商品图片占据网店大部分内容。所以,商品图片是制订配色方案的一个重要的参考因素。ColorSchemer Studio软件可以打开产品图片,获取商品图片中的颜色,提取最有代表性的颜色获取配色方案，操作如图1.3.5所示；也可以将商品图片进行"马赛克"处理，帮助快速显示出照片中的主要色彩；最后根据网店的装修风格选择需要的颜色进行搭配，操作如图1.3.6所示。

图1.3.5

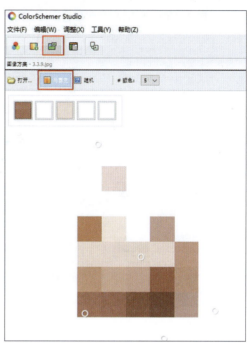

图1.3.6

4.掌握配色方法3——参考官网的配色方案

ColorSchemer Studio软件不但可以自主配色，还提供了"图库浏览器"链接到官网图库，里面有百万种配色方案可选用。具体操作方法如图1.3.7、图1.3.8所示。

图1.3.7

图1.3.8

5.预览配色方案的应用效果

选定了配色方案之后，可以通过"快速预览"查看配色的效果，直接将设置好的颜色拖拽到预览窗口，选择一种页面布局方式，将确认的颜色一一拖拽到文字、边框上，即可实时观看配色效果，具体操作如图1.3.9所示。

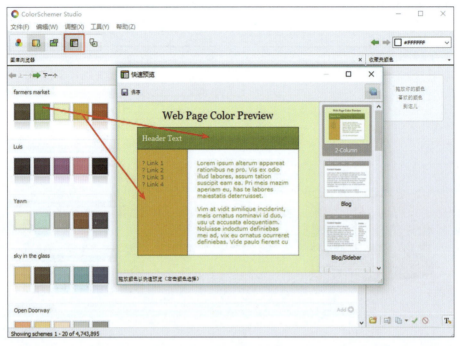

图1.3.9

活动评价

通过本活动的学习，小可能使用配色软件，掌握3种配色方法：①确定主色调，查找实时配色方案；②利用商品颜色获取配色方案；③参考官网的配色方案，预览配色方案的应用效果。

活动拓展

使用ColorSchemer Studio软件，优化如图1.3.10所示广告图的配色方案，重新配色。

图1.3.10

提高篇

项目 2
优化网店视觉营销的构成元素

☐ 项目综述

为了最终促进网店销售和图片准确传达信息的目的,在视觉营销设计中要注重其审美性,如何运用好视觉构成元素,做好视觉传达设计,让消费者能感受到店铺的吸引力和感染力,是视觉营销设计的关键。合理地运用视觉构成元素,能直接影响到图片的点击率,最终能引导消费者成功购买并认知产品和品牌。从设计的角度来看,视觉构成元素主要包括色彩、文字、构图。

☐ 项目目标

通过本项目的学习,应达到的具体目标如下:

知识目标

◇知道视觉构成要素的基本内容和含义。

◇了解色彩的基本属性和类别。

◇知道文字的风格分类和特点。

◇掌握常见的构图方法。

能力目标

◇能够合理运用色彩搭配方法为产品图进行颜色搭配。

◇能够合理选择字体类型来设计制作标题和内容文字。

◇能够对文字进行艺术化效果设计制作。

◇能够合理选用构图方法设计产品图片和广告。

素质目标

◇树立岗位技能目标意识。

◇增强色彩、图形运用表达能力,提高审美意识。

◇培养学生追求卓越的创造精神。

◇培养认真细致、精益求精的工匠精神。

◇培养学生民族自豪感和爱国主义情怀。

◇培养团队合作能力,沟通能力。

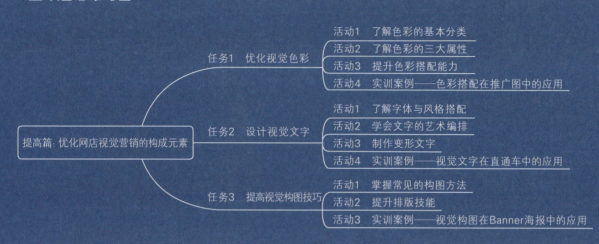

任务1
优化视觉色彩

情境设计

色彩是抓住人眼球的首要因素,在网店视觉设计各种元素中,最直观、最容易影响消费者心理的设计元素就是色彩。商品和色彩会直接影响消费者的心理,从而影响他们的购买行为。在色彩知识中,色彩的属性、色彩的分类、色彩的搭配方法有着许多学问,小可跟着大家一起来学习色彩知识,为往后的美工设计打下更好的基础。

任务分解

在本次任务中,小可的岗前培训内容为视觉色彩知识和技能,全面学习视觉营销构成元素的色彩内容。任务主要分为以下4个活动:①了解色彩的基本分类;②了解色彩的三大属性;③提升色彩的搭配能力;④实训案例——色彩搭配在推广图中的应用。

活动1　了解色彩的基本分类

活动背景

我们生活的世界是五彩缤纷的,世界万物都有它们各自的色彩。色彩是通过太阳光波反射所产生的,我们的眼睛接收不同的光波传递给大脑,然后产生不同的心情与感受。在网店视觉设计中,需要借助页面整体色彩快速、有效地传达信息,不同色彩的页面效果给人的感受也不一样。因此学习和理解色彩的分类,是做好色彩元素在视觉设计运用中的关键一步。接下来,我们跟着小可一起来学习色彩的基本分类知识吧!

📖 知识窗

1.无彩色

无彩色是指黑色、白色及两者按不同比例混合形成的深浅不同的灰色系列。因光的色谱中没有这几种颜色,所以被称为无彩色,如图2.1.1所示。

图2.1.1　无彩色

黑白灰统称为无彩色。在一些特定风格的网店中合理运用黑色会有不一样的视觉效果。例如黑色给人的感觉:神秘、黑暗、冷酷、严肃、高贵、权威,如图2.1.2所示。

图2.1.2

2.有彩色

有彩色是指在可见光谱中的红、橙、黄、绿、青、蓝、紫7种基本色和其混合色,即我们平时看到的彩虹色带,如图2.1.3所示。我们的眼睛接收到物体反射的太阳光波,识别出来的色彩系列就是有彩色系列。不同的色彩光波给人不同的心理感受,色彩光波的长短决定了色彩的色相样貌,光波的振幅决定色调。

3.光与色彩——RGB三原色

1802年,英国物理学家汤姆斯·杨,经过系列研究,得出一个肯定

图2.1.3

的结论：光的三原色是红、绿、蓝（RGB），如图2.1.4所示。我们的眼睛是根据所看见的光波长短来识别颜色的，在太阳光的可见光谱（见图2.1.5）中，大部分颜色可以由这3种色光根据不同比例混合而成。

图2.1.4

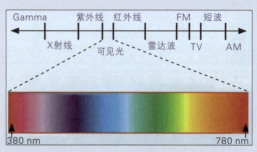

图2.1.5

　　RGB是色光的彩色模式，R代表红色，G代表绿色，B代表蓝色。RGB是从颜色发光的原理来设计的，通俗地说它的颜色混合方式就如有红、绿、蓝3盏灯，当它们的光相互叠合的时候，色彩相混，而亮度等于两者亮度之总和，越混合亮度越高，即加法混合。这3盏灯开到最亮混合在一起，就呈现白色（白光）；若3盏灯强度为零，就是黑色（黑暗），效果如图2.1.6所示。

　　4.颜料三原色——红、黄、蓝

　　瑞士画家伊顿根据基本颜色设计了12色色相环。通过颜料的混合，发现红、黄、蓝3种基本颜色能相互调配出丰富多彩的颜色。通过三原色两两之间相互融合可以得到一组二次色间色：红色+黄色=橙色、黄色+蓝色=绿色、红色+蓝色=紫色。三原色按照不同比例的调和可以混合出所有的颜色，如图2.1.7所示。

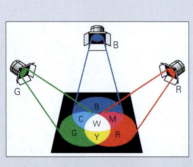

图2.1.6

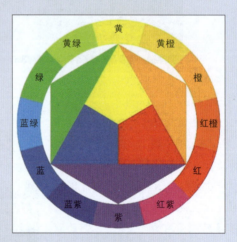

图2.1.7

活动目标

了解RGB色彩的基本分类和合成原理。

活动实施

设计步骤参考如下：

（1）打开Photoshop，创建一个新文档，设置好合适的尺寸：800 px×800 px，选择背景色为黑色，如图2.1.8所示。

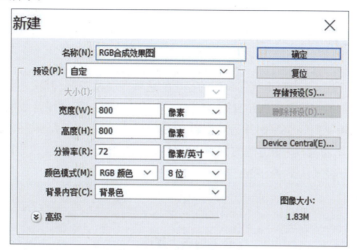

RGB 原理图

图2.1.8

（2）用选框工具或形状绘制一个正圆形，选择颜色为红色（R：255，G：0，B：0），如图2.1.9所示。

（3）再绘制一个正圆形与红色的圆形相交，选择颜色为绿色（R：0，G：255，B：0），改变绿色圆形图层混合样式为"线性减淡（添加）"，得到红绿两色的合成效果如图2.1.10所示。

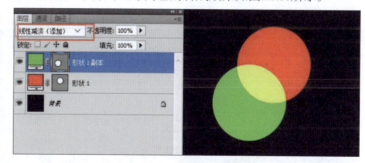

图2.1.9

图2.1.10

（4）用工具绘制一个正圆形与红色、绿色的圆形相交，选择颜色为蓝色（R：0，G：0，B：255），改变蓝色圆形图层混合样式为"线性减淡（添加）"，得到红、绿、蓝三色的合成效果，如图2.1.11所示。

活动评价

通过本活动的学习，小可了解了色彩的基本分类、光的三原色和颜料三原色，掌握三原色和三间色的合成关系。

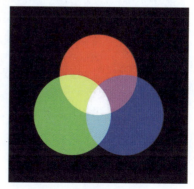

图2.1.11

活动拓展

尝试对提供的产品广告图PSD文件进行配色练习,打开素材资源"项目2→任务1活动1→素材2.1.1素材3",分别用无彩色黑白灰系列和有彩色色彩对比完成效果,讨论两种色彩类别的视觉优点和区别。

活动2　了解色彩的三大属性

活动背景

在浏览一个页面时,首先吸引我们眼球的是它的色彩布局和搭配,其次才会去看它的细节和文字。每种颜色都有自己的特点和寓意,不同时间、不同地点、不同场合我们运用色彩的要求都是不一样的。想要更好地掌握并运用色彩,必须要了解色彩的三大属性:色相、明度和纯度。就如认识一个新朋友,要知道他的名字、性格和爱好,小可对这位"色彩朋友"充满了好奇,我们也跟着她一起来认真学习吧!

🗒 **知识窗**

色彩的三大属性

1.色相

色相指色彩的相貌、色彩的名称,是色彩的最基本特征,也是一种色彩区别于另一种色彩最主要的因素;基本的色相包括红、橙、黄、绿、青、蓝、紫等,它们都各自代表一种具体的色相,它们之间的差别属于色相差别。根据光谱顺序可形成不同细分层次的色相环,如图2.1.12所示。

不同的色彩相貌带给人们视觉心理会有不同的变化,了解不同色相的色彩心理,并能合理选择合适的色相色彩运用在设计中,能够提升消费者对网店的品牌认同度,从而促进销售。

例如:红色的色感温暖,性格刚烈而外向,容易使人兴奋、激动、紧张、冲动。电商平台上的促销活动广告多会用红色系做主色调来设计颜色搭配,以烘托促销活动的营销氛围,如图2.1.13所示。

图2.1.12 图2.1.13

紫色具有创造、忠诚、神秘、稀有等内涵,象征着女性化,代表着高贵和奢华,通常以女性为对象或以艺术品为主的网店,如图2.1.14所示。

2.明度

明度指色彩的明暗程度,色彩有明暗、深浅的变化。白色明度最高,黑色明度最低;明度越低,颜色越暗;明度越高,颜色越明亮。不同明度程度的色彩带给人们不同的心理感受,因此针对不同产品类型,我们也要选择合适明度的色彩。明度高的色彩常用于女性用品、儿童用品,或者是喜庆的节日广告,让人感觉绚丽多姿、生机勃勃。暗色调的色彩印象有:厚重的、高级感、格调高雅的、坚固的、男性的,如图2.1.15和图2.1.16所示。

图2.1.14

图2.1.15

图2.1.16

3.纯度

纯度指色彩的纯净度和饱和程度,色彩在没有加进白色和黑色或灰色时,纯度最高。如果一个颜色中含有白色或黑色的成分越多,其纯度就会降低。纯度高的色彩非常鲜明,纯度低的色彩则比较暗淡。我们把颜色的纯度分为高纯度、中纯度和低纯度三个层次。高纯度色彩,又称艳调,是纯色或稍带灰调的鲜艳色的组合,具有强烈、鲜明、华丽、个性化的特点,如图2.1.17 所示。

中纯度色彩,又称含灰调,色彩相对温和、柔软,典雅含蓄,具有亲和力,图2.1.18所示。

低纯度色彩,又称灰调,接近中性灰色,色彩朦胧而暧昧,富有神秘感,如图2.1.19所示。

活动目标

了解色彩的三大属性:色相、明度、纯度在Photoshop中的设置,制作出色彩的明度渐变条。

活动实施

设计步骤参考如下:

1.运用HSB色彩模式调整色彩的属性

HSB色彩模式是基于人眼的一种颜色模式,是普及型设计软件中常见的色彩模式。H是色相Hue,S是饱和度Saturation,B是亮度Brightness。HSB色彩模式可以指导我们更好地在软件操作中选择搭配颜色,如图2.1.20所示。

HSB 色彩三大属性

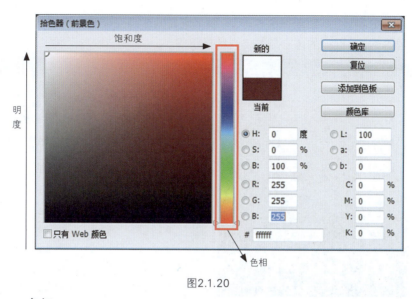

图2.1.20

（1）H——色相。

色相使用色相环表示，0°为红色，和360°重合，每调整30°即可变一种色相，如图2.1.21所示。

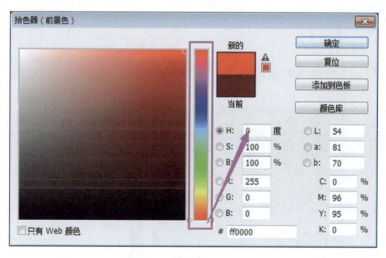

图2.1.21

（2）S——饱和度（纯度）。

红色是纯度最高的，在所有的色相里它的色彩最鲜艳，蓝绿色纯度最低；饱和度低色彩就偏灰。在该模式里，饱和度分0%~100%，数值越大越鲜艳，越小越柔和浅色，如图2.1.22所示。

（3）B——亮度（明度）。

亮度就是色彩的明暗程度，白色明度最高，黄色次之，紫色的明度最低。

亮度分0%~100%，数值越大越明亮（在该模式下100就是正常的鲜艳颜色不能达到变浅，只能达到变暗，所以要变浅只能改动S），越小就越暗沉，如图2.1.23所示。

把HSB模式里的明度饱和度平均划分三种程度，低度（0%~33%）、中度（34%~66%）、高度（67%~100%），即有9种色调的组合。高饱和高明度的色彩鲜艳，中饱和中明度的色彩柔和，低饱和低明度的色彩暗沉。在HSB模式中，一般来说高饱和高亮度的色彩都显得年轻有活力，饱和度低的显得浅淡。低亮的色彩显得成熟稳重沉闷。

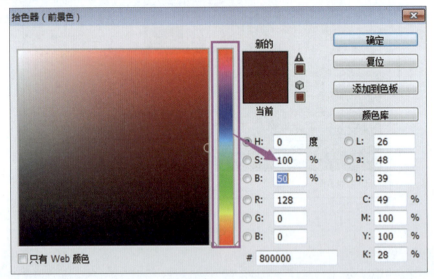

图2.1.22

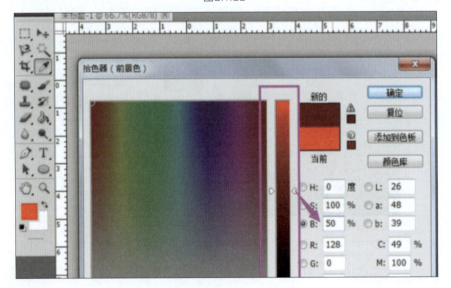

图2.1.23

2.运用色彩编辑器绘制彩虹色块

（1）调整色相对比。打开Photoshop，新建适当大小的文件，用选框工具或形状工具绘一个长方形，单击前景色打开拾色器，先选择一个H色相值为0°的色彩（红色系），此时S和B值均为100%，如图2.1.24所示。

（2）复制这个长方形，移动至上方，调整改变颜色，设置H色相值为30°（橙色系），如图2.1.25所示。

（3）再次复制这个长方形，移动至上方，调整改变颜色，设置H色相值为60°（黄色系），图

2.1.26所示。

（4）继续复制这个长方形，移动至上方，调整改变颜色，设置H色相值为90°（黄绿色系），如图2.1.27所示。

图2.1.24

图2.1.25

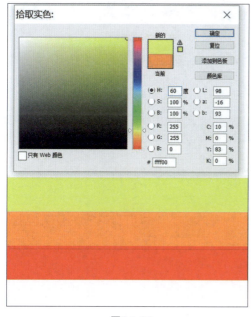

图2.1.26

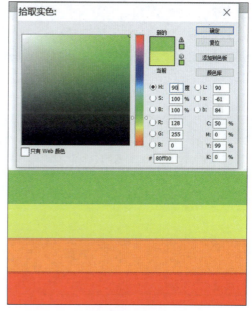

图2.1.27

（5）继续复制这个长方形，移动至上方，调整改变颜色，设置H色相值为120°（绿色系），如图2.1.28所示。

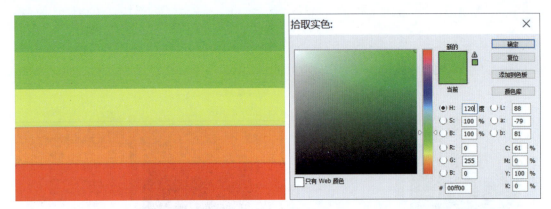

图2.1.28

（6）同样的方式，多次复制色块，调整色相H的值，每次增加30°，共12个方块，最后能形成彩虹色背景效果，如图2.1.29所示。

图2.1.29

活动评价

通过本活动的学习，小可了解了色彩的三大属性——色相、明度、纯度，并能在Photoshop中设置色彩属性，能设置制作出色彩的明度渐变色，能选择搭配不同色彩色相的对比色，能设置制作出色彩的纯度渐变色。

活动拓展

尝试用HSB色彩值制作某种色彩的明度渐变条、纯度渐变条。

活动3　提升色彩搭配能力

活动背景

学习了色彩的基本属性和原理知识，我们已经对色彩有了一定的了解，后续还要学会如何运用方法将不同的色彩进行合理的搭配。在一个页面中，背景和文字都要搭配出合适的色彩效果，相互衬托、对比才能达到更好的信息传达作用。不同的色彩之间能产生不一样的视觉效果，接下来我们就和小可一起来学习一些色彩搭配的方法吧！

📖 知识窗

1.合理运用色彩对比进行色彩搭配

（1）色相对比。

两种以上色彩组合后，由于色相差别而形成的色彩对比效果称为色相对比。它是色彩对比的一个根本方面，其对比强弱程度取决于色相之间在色相环上的距离（角度），距离（角度）越小对比越弱，反之则对比越强，如图2.1.30所示。

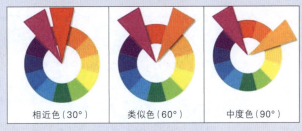

图2.1.30

①协调性对比——类似、邻近色（在色环中，凡在90°范围之内的颜色）：在色相环中相邻的颜色是邻近色，如红色和橙红、橙和黄。这种对比的色彩具有明显的统一协调性，增加色彩色相环角度可以增强对比效果，如图2.1.31所示。

图2.1.31

②最强对比度——补色对比：在色环上120°～180°的颜色，即为对比色。对比色放在一起会给人强烈的排斥感。在色相环上，对角180°的两种色彩互为补色，如红与绿、黄与紫、蓝与橙。补色放在一起，可以相互衬托，使得对方色彩更加鲜明，能制造最强烈对比的视觉效果，因此我们可以合理运用补色的色彩搭配来吸引人注意，如图2.1.32—图2.1.34所示。

图2.1.32

图2.1.33

图2.1.34

（2）明度对比。

对比由于明度不同而形成的色彩对比效果称为明度对比。它是色彩对比的一个重要方面，是决定色彩方案感觉明快、清晰、沉闷、柔和、强烈、朦胧与否的关键，如图2.1.35所示。

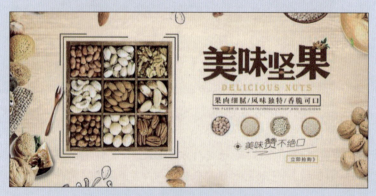

图2.1.35

不要用亮度值在82以上的色彩用作大面积的背景色，这些色彩比较刺眼，容易让人产生视觉疲劳，可以适当缩小面积用来在深色背景中凸显视觉效果。

（3）纯度对比。

一种颜色的鲜艳度取决于这一色相发射光的单一程度，不同的颜色放在一起，它们的对比是不一样的。人眼能辨别的有单色光特征的色，都具有一定的鲜艳度。

- 鲜强对比——主体色为高纯度色，陪衬和点缀色为中纯度和低纯度色；
- 灰强对比——主体色为低纯度色，陪衬与点缀色为高纯度和中纯度色；
- 中弱对比——主体色为中纯度色，其他色为接近中纯度色；
- 鲜弱对比——主体色为高纯度色，其他色为接近高纯度色等的色彩纯度组合。

纯度统一，调配统一色彩感觉就是用同一种视觉感觉的色彩，例如：淡蓝色、淡黄色、淡绿色，或者如土黄色、土灰色、蓝灰色（这一类的色彩的HSB值调整，保持亮度和饱和度的相近，色相可以任意调节），如图2.1.36所示。

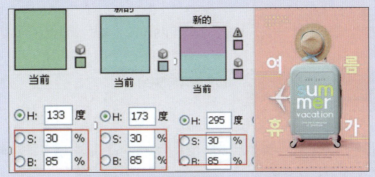

图2.1.36

2.三角色彩搭配

在运用色相对比选择色彩搭配时，可以运用三角形的造型选择三种有一定对比度的色彩，这种色彩搭配视觉效果能丰富画面，使得画面活泼生动，如图2.1.37所示。

图2.1.37

（1）三角形选色——三原色对比。

三原色红、黄、蓝，在色相环上为三角形位置关系，三原色直接的对比属于强烈的色相对比，会使人感受到强烈的视觉冲击，吸引人的注意，如图2.1.38所示。

（2）三角形选色——三间色对比。

三间色橙、绿、紫，在色相环也为三角形位置关系，相对三原色对比，三间色对比效果要缓和许多，但仍有很强的视觉对比效果。合理运用三间色的搭配，能使画面有丰富、轻松、明快的视觉效果，如图2.1.39所示。

图2.1.38

图2.1.39

活动目标

了解掌握几种常用的色彩搭配方法,能够在产品营销主图中合理运用色彩搭配方法提升视觉营销效果。

活动实施

设计步骤参考如下:

(1)打开配色练习文件"项目2→2.1.3 素材2.PSD",先确定背景的主色调,如图2.1.40所示。

配色练习

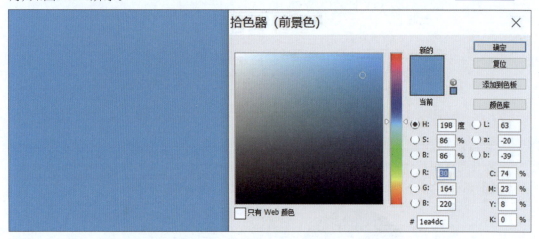

图2.1.40

(2)运用明度对比的方式设计背景几何底纹的色彩,用"一种颜色"为主图背景,搭配其他颜色。这种配色技巧操作很简单,也很容易掌握,其操作方法:只要保证色相和饱和度不变,调整色彩的明度即可,如图2.1.41所示。

(3)为了使整体效果活泼丰富,背景底纹再设计并添加两个跳跃点缀的对比色,H值与背景色相差120°左右形成强烈对比,明度接近的绿色,与背景色相H值相差150°左右形成强烈对比,明度接近的粉色,如图2.1.42所示。

(4)将背景几何纹理图层的不透明度都适当降低,使背景效果更融合,并有穿透肌理效果,如图2.1.43所示。

(5)打开商品和文字图层,查看整体背景色彩与商品的搭配效果,尝试为文字搭配颜色,如图2.1.44所示。

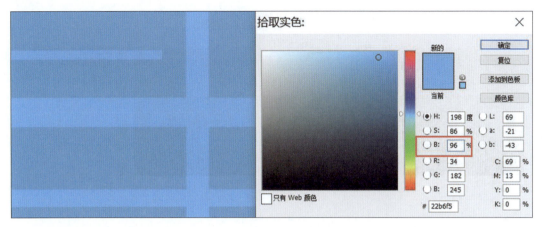

图2.1.41

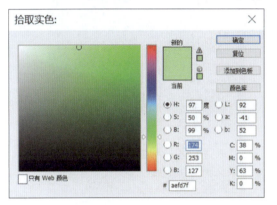

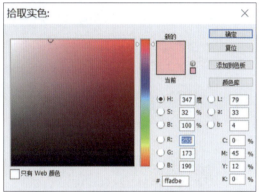

图2.1.42

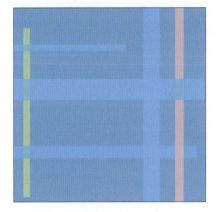

图2.1.43

图2.1.44

（6）运用红、黄、蓝三原色均衡原理，为文字搭配颜色，效果如图2.1.45、图2.1.46所示。最后再添加色块装饰效果，如图2.1.47所示。

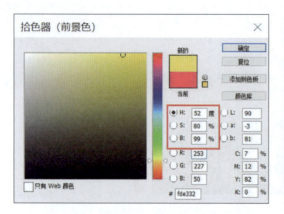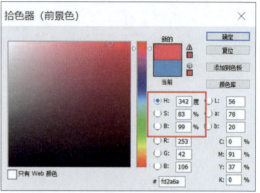

图2.1.45

图2.1.46   图2.1.47

活动评价

促销广告的设计评分见下表：

项　目	评分标准	分值/分	得分/分
内容设计	（1）构图布局合理	20	
	（2）文字编排与设计能有效吸引注意力	20	
	（3）商品美化与处理效果	20	
	（4）细节元素的设计与创新	20	
整体效果	（5）整体颜色搭配效果	20	
总　分			

活动拓展

实训练习：同色感色调小练习。运用纯度对比色彩搭配的方法效果，尝试为提供的产品主图设计搭配颜色，打开素材"项目2→任务1活动3→2.1.3素材4"完成练习，使得视觉效果醒目，能快速吸引人注意。

活动4　实训案例——色彩搭配在推广图中的应用

活动背景

掌握了一定色彩基础知识和色彩搭配的方法,设计总监让小可开始实际上岗设计并制作店铺产品的推广图,以此也作为一个阶段培训的小测试。小可认真复习了之前所学色彩原理、色彩搭配方法,在实际的产品推广图中还应该注意哪些细节操作呢?产品的推广图是店铺引流的重要表现方式之一,一张好的推广图可以节省许多推广费用和时间,检验一张推广图的标准就是:能否快速吸引消费者的注意力,色彩因素就是这个环节的重要因素。

🖳 知识窗

1.主色、辅助色、点缀色

在一个画面中,每种色彩都有它们自己的角色分工,有的是主要角色,确定整个画面的色调和感觉——主色;有的是做衬托色,起到页面对比和增强视觉效果的作用——辅助色;有的是在页面中所占比例很小,但是视觉效果比较醒目,可以突出想要强调和引导人们关注的细节——点缀色,如图2.1.48所示。

2.商品吸色法的案例分析

很多时候我们可以根据画面中产品或模特自身上的颜色进行提取,这是一种很常见、简单易操作的配色方法。

在图2.1.49中,标题英文的颜色就是取决于模特本身的颜色,而背景色的蓝色与模特的衣服颜色是对比色,使得广告视觉效果突出。

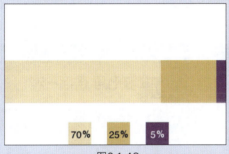

图2.1.48　　　　　　　　　　　图2.1.49

在图2.1.50中,借助模特穿的衣服颜色,调整纯度,作为背景色以此来形成整体色调的呼应感,再用与蓝色在色相环120°左右形成强烈对比的黄色作背景衬托,以及营销文案的点缀色彩,整个广告色彩主题统一,又能有强烈的视觉效果。

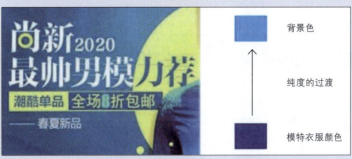

图2.1.50

活动目标

了解店铺活动推广图的设计内容,掌握店铺活动推广图的色彩搭配方法。

活动实施

设计步骤参考如下:

(1)打开配色练习素材"项目2→2.1.4 素材1.PSD文件",运用色相环选择色相对比色,制作背景效果。选择两个色相对比140°左右,纯度和明度保持一致效果的色彩,黄(H:51、S:92、B:99)、蓝(H:199、S:92、B:99),突出广告主题色调——夏天,清爽的主题,形成强烈对比效果,如图2.1.51所示。

推广图配色

(2)广告中间的营销文字,运用与黄、蓝色的三角对比色红色系,突出营销氛围,如图2.1.52、图2.1.53所示。

(3)摆上商品图片,对文字细节添加渐变样式,增强视觉效果,如图2.1.54所示。

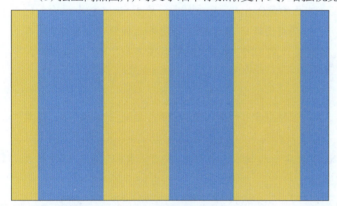

图2.1.51

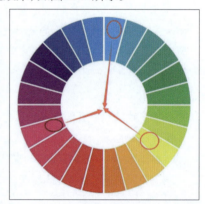

图2.1.52

图2.1.53

图2.1.54

活动评价

广告的色彩搭配设计评分见下表:

项 目	评分标准	分值/分	得分/分
内容设计	(1)构图布局合理	20	
	(2)文字编排与设计能有效吸引注意力	20	
	(3)商品美化与处理效果	20	
	(4)细节元素的设计与创新	20	
整体效果	(5)整体颜色搭配效果	20	
总 分			

活动拓展

尝试结合色彩搭配的方法，为提供的商品推广广告图PSD文设计配色，打开素材"项目2→任务1活动4→2.1.4素材4"完成练习，使得整体画面具有一定视觉营销效果。

任务2
设计视觉文字

情境设计

在上一次的培训任务中，小可学习到了许多色彩搭配的知识和技能；规划好了页面色彩，小可要学习视觉营销中第二个要素——文字设计，它充当着整个页面中传递信息的重要角色，这也是视觉营销中很重要的功能环节，准确地向消费者传达信息才是设计的最终目的。文字的风格、类型、造型设计和排版效果都能为文字的信息传达增强效果，从而也能成为整个页面的点睛之笔。接下来，我们就跟着小可一起来学习视觉文字的设计吧！

任务分解

在本次任务中，小可的岗前培训内容为设计文字的知识和技能，全面学习视觉营销构成元素的色彩内容。任务主要分为以下4个活动：①了解字体与风格搭配；②学会文字的艺术化编排；③制作变形文字；④实训案例——视觉文字在活动图中的应用。

活动1　了解字体与风格搭配

活动背景

学习文字设计元素，第一种设计方法是选择合适的字体和风格。文字拥有不同的字体类别和风格，这是文字的图形表达方式。根据不同的设计内容需求选择合适的字体，首先要了解不同字体的类别及特征。

📋 知识窗

1.字体和字形

字体样式繁多，又有不同的字号，就如人的长相、性格，不同类型字体会含有不同的情感、意义和相关性，如图2.2.1所示。

图2.2.1

（1）无衬线字体、衬线字体。

衬线指的是字母结构笔画之外的装饰性笔画。有衬线的字体叫作衬线字体；没有衬线的字体，则叫作无衬线体。无衬线字体在视觉效果上更简洁、干净，如图2.2.2所示。

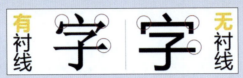

图2.2.2

（2）装饰字体。

装饰字体具有很强的装饰性，独特的形态能让人眼前一亮、引人注目，最适合用来创造或加强大尺寸作品或标题的设计，如图2.2.3所示。

（3）手写字体。

手写字体是模仿笔迹而来的，能够增加文字设计的趣味性和情感的传达，如图2.2.4所示。

图2.2.3

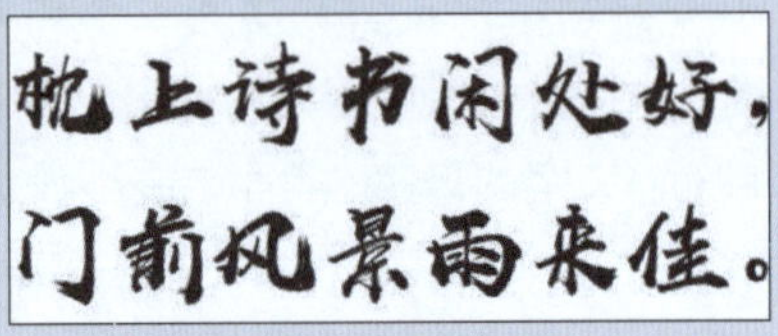

图2.2.4

2.常用的字体类型及特征

（1）宋体字。

宋体字的字形方正，笔画横平竖直，横细竖粗，棱角分明，结构严谨，整齐均匀，有极强的笔画规律性，使人在阅读时有一种舒适醒目的感觉，如图2.2.5所示。

（2）黑体字。

黑体字各个笔画基本等粗，看起来冷静、沉着。字重稍大，比较醒目。笔画起笔和落笔处稍有粗细变化，如图2.2.6所示。

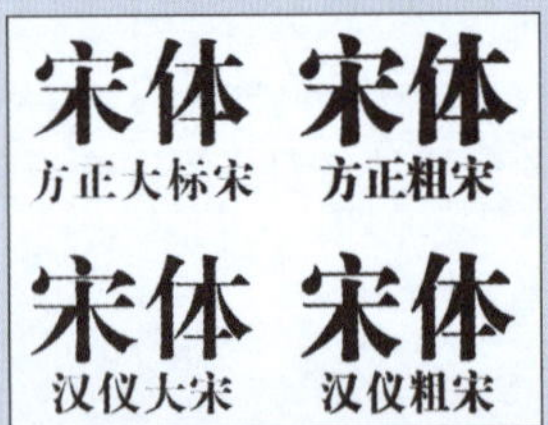

图2.2.5

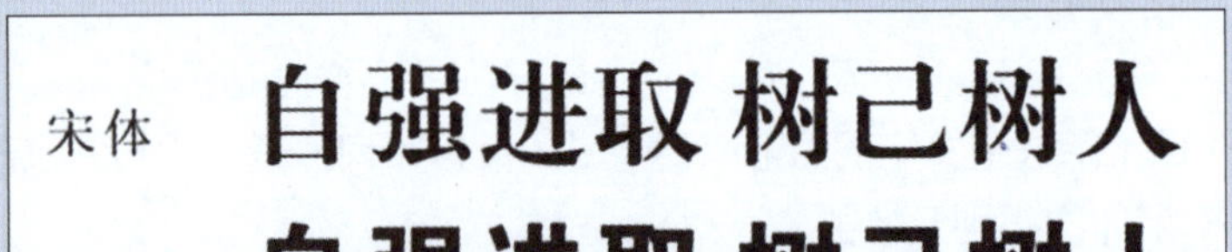

图2.2.6

（3）综艺体。

综艺体笔画更粗，看起来更加饱满，文字也更富有变化，机械的切割处理让它看起来更加醒目，如图2.2.7所示，还有书法体类型如图2.2.8所示。

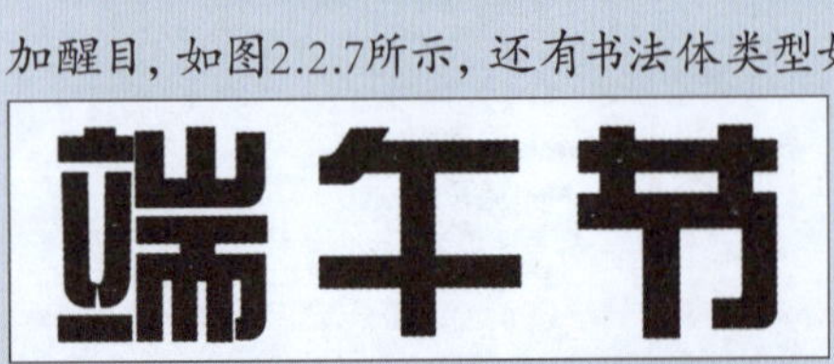

图2.2.7

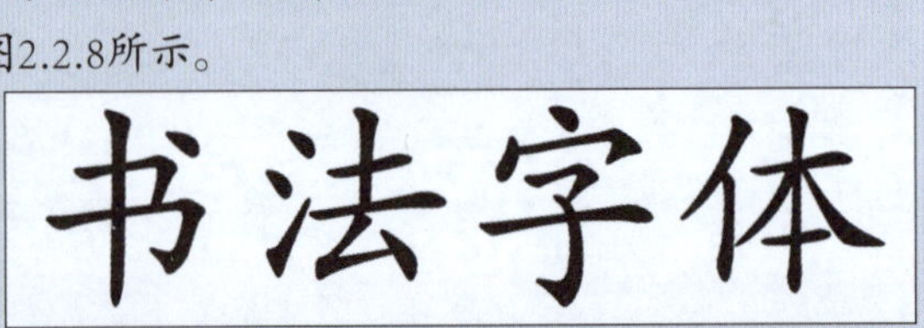

图2.2.8

（4）创意字体。

造型风格不一，一般运用于特定人群或者节日等创意性个性型的设计中，如图2.2.9所示。

图2.2.9

3.字体类型与风格的搭配

在视觉营销设计中，文字除了传递信息的功能外，不同的字体类型具有自己的风格特点，要根据页面的主题风格来合理选择字体，如图2.2.10所示。

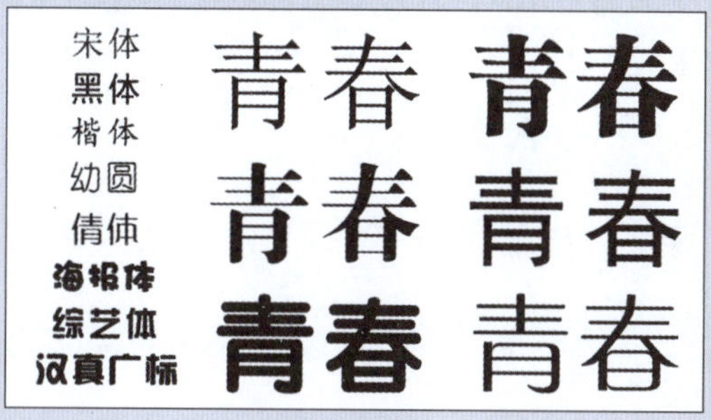

图2.2.10

（1）年轻时尚风格。

对一些年轻时尚的产品和模特图片进行文字设计时，我们可以采用无衬线字体：黑体、雅黑、粗黑等，如图2.2.11所示。

（2）成熟稳重风格——男士。

在编排文字时可以选择大标宋体。大标宋体笔画粗细结构显得沉着、稳重，如图2.2.12所示。

图2.2.11 　　　　　　　　　　　　　　图2.2.12

（3）成熟优雅风格——女士。

可以增加一些有装饰性字体的英文组合，制造出雍容华贵的感觉。英文字体选择欧式风格的字体和装饰，增强画面的整体视觉效果，如图2.2.13所示。

图2.2.13   图2.2.14

（4）个性潮流风格。

对于一些潮流女装，可以将大小不同的宋体类字体和黑体类字体组合使用，可以表现出活泼、丰富的视觉效果，如图2.2.14所示。

活动目标

了解字体的不同类别及其特征，能判断不同风格的页面，合理设置合适的字体类型、调整字体属性。

活动实施

设计步骤参考如下：

（1）新建文件，设置大小为950像素×450像素，在绘制好的背景效果图层上摆放好商品图片（商品图片素材2.2.1 素材1、2.2.1 素材2），如图2.2.15所示。

字体属性设置

图2.2.15

（2）选择文字工具，输入相应广告文案内容，如图2.2.16所示。

图2.2.16

（3）选中标题文字，在字符属性设置面板中设置调整字体类型，将标题字设置为整体视觉效果明显的粗黑宋体或黑体字，调整合适的字号大小，要突出字体效果，可以单击右键设置文字的仿粗体，如图2.2.17所示。

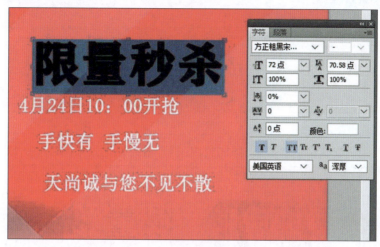

图2.2.17

（4）继续设置文案中其他文字属性，促销活动信息的文字，设置字体类型为简洁的黑体字，调整合适的字体大小，如图2.2.18—图2.2.20所示。

图2.2.18

图2.2.19

图2.2.20

（5）调整文字排版，为了整体效果，设置文字的字间距，如图2.2.21、图2.2.22所示。

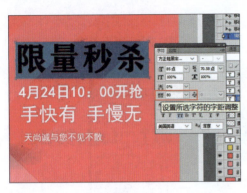
图2.2.21

图2.2.22

（6）最后，再调整文字色彩效果，添加色块，提升最终视觉效果，如图2.2.23所示。

图2.2.23

活动评价

促销广告的设计评分见下表：

项　目	评分标准	分值/分	得分/分
内容设计	（1）构图布局合理	20	
	（2）文字编排与设计能有效吸引注意力	20	
	（3）商品美化与处理效果	20	
	（4）细节元素的设计与创新	20	
整体效果	（5）整体颜色搭配效果	20	
总　分			

活动拓展

打开素材"项目2→任务2活动1→2.2.1 素材5"，尝试为素材中的不同类型产品广告文字在Photoshop中设置选择合适的字体类型，调整文字属性。

活动2　学会文字的艺术编排

活动背景

学会了文字字体的丰富性与不同风格的搭配，小可开始尝试在广告页面中编排文字；一个页面中会有不同的文字内容，有不同性质的内容信息，这些信息还有主次之分，所以在选择合适的字体后，我们还要学习如何将它们在页面中合理地组合摆放，将多组文字以美观的形式组合编排在一起，表现出一定的层次感、设计感，使得整体页面效果美观，最终能向消费者更好地传递信息。

🗐 知识窗

1.文字设计原则

文字排列组合的好坏直接影响着广告的视觉传达效果，文字编排设计也是重要的设计过程之一，在设计中文字的设计和编排组合时应注意以下几点：

（1）文字的易读性。

文字的主要功能是在视觉传达中向大众传达作者的意图和各种信息，要完成这个功能必须要考虑文字的整体诉求效果，给人以清晰的视觉印象。因此页面中的文字在设计时应避免繁杂零乱，要使人易读易懂，切记为了设计而设计。

避免使用不清晰的字体，否则会使观看者产生反感；恰当选择所需要的字体，不要使用过小、笔画过细的字体。

（2）文字的位置适中。

文字在画面中的摆放要考虑到全局的设计元素，不能有视觉上的冲突，否则画面会显得主次不分，容易引起视觉顺序的混乱。合理安排好文字和图形之间的交叉错合，既不要影响图片的观看，又不能影响文字的阅读。

文字摆放时不要全部顶着画面的边角，这样看起来视觉效果突兀很不专业。

（3）文字的层次感。

在一个页面中，传达的信息要有主次之分，即层次关系。文字的合理设计和编排的一个重要任务是要指引观看者观看页面的浏览顺序，如图例中的文字在大小上着重突出商品卖点、重点又有层次感，让消费者能一目了然广告的重点信息，如图2.2.24所示。

图2.2.24

（4）文字的区别和统一性。

在文字编排时，文字的字体、大小和颜色在搭配组合上会让受众有一种关联的感觉。排列在一起的字体之间的对比是很重要的，常用的方法是通过改变字体的粗细、字体宽度、字体样式（无衬线字、有衬线字或创意体）来增加整体对比，如图2.2.25所示。

2.文字的编排设计

视觉作品中文字的作用：直接传递信息、解释说明；文字排列的作用：能有序排列信息，有效接收信息，视觉美化。

（1）调整文字的样式。

调整字体和字形，字体样式繁多，又有不同的字号，就如人的长相、性格，不同类型的字体会含有不同的情感、意义和相关性，如图2.2.26所示。

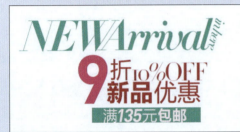

图2.2.25　　　　　　　　　　　　　　　　　　图2.2.26

不同的字体笔画粗细的效果不一样，同一种字体可以设置"粗体"效果来增强文字的视觉效果。我们一般在标题和需要强调的文字内容上使用粗体，一些小号字的文案内容不太适用粗体效果，会使得文字的阅读性降低。

在编排文字时，我们可以设置文字之间的"字距"和段落之间的"行距"。字距和行距的效果会影响文字的阅读性和整体设计美感：小字号字体的字间距不宜太小，会降低阅读性；大字号的字体，字距需要稍紧凑一点；字号越大的段落，行距也应该随之调整增大，行距要大于字间距；如果文字有多个段落，还要注意段落之间的主次和轻重，以及在内容表达方面的重要程度。

（2）文字编排的组合方式。

①文字对齐排列。对齐排列是文字编排的常用方式，能给人稳重、力量、统一、工整的感觉。对齐排列的常见方式有两端齐行对齐、居中对齐、居左对齐、居右对齐，如图2.2.27所示。

图2.2.27

②文字信息分组。当文案内容过多时，就考虑将文字内容进行分组。将相同性质的文案摆放在一起，这样会使得页面具有条理性，也能增强视觉效果的美观性，更加有利于消费者阅读，如图2.2.28所示。

（3）搭配文字的颜色。

使用不同颜色的文字可以使想要强调的部分更加引人注目，但应该注意的是，对于文字的颜色，只可少量运用，如果什么都强调，反而会变得没有任何重点。颜色对比与搭配会起到强调整体文字中特殊部分的作用，也会对整个文案的情感表达产生影响。因此在设置文字色彩时，要注重颜色的对比度——明度对比、纯度对比，这不仅能增强文字的易读性，还可以更准确地传递设计情感，如图2.2.29所示。

图2.2.28　　　　　　　　　　图2.2.29

活动目标

了解文字编排的常见方法，掌握广告的中文字组合编排的方法。

活动实施

设计步骤参考如下：

（1）新建文件950像素×500像素，在设计好的背景上摆放好商品（打开素材"项目2→商品图片2.2.2 素材1、2.2.2 素材2、2.2.2 素材3"），输入广告文案内容，如图2.2.30所示。

文字编排

图2.2.30

（2）排列出广告词的主次关系，合理规划字体大小对比，调整字体和字号大小以增强文字对比，如图2.2.31所示。

（3）调整字体类型，增强主标题文字效果，具体字体参数设置如图2.2.32—图2.2.36所示。

图2.2.31

图2.2.32

图2.2.33

图2.2.34

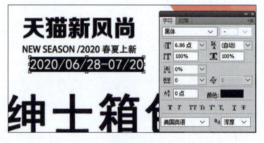

图2.2.35

图2.2.36

（4）选择文字排列对齐方式为左对齐（按住"Shift"键选中所有的文字图层，在菜单栏中找到"图层→对齐→左边"），对文字信息进行排列组合，效果如图2.2.37所示。

图2.2.37

（5）对文字信息进行分组，增强页面效果，如图2.2.38所示。

图2.2.38

（6）调整字体颜色（着重突出主标题和促销信息的设计），调整搭配文字颜色，如图2.2.39所示。

图2.2.39

（7）设计字体样式，添加细节样式，增强整体视觉效果，如图2.2.40所示。

图2.2.40

活动评价

促销广告的文字编排设计评分见下表：

项　目	评分标准	分值/分	得分/分
内容设计	（1）构图布局合理	20	
	（2）文字编排与设计能有效吸引注意力	20	
	（3）商品美化与处理效果	20	
	（4）细节元素的设计与创新	20	
整体效果	（5）整体颜色搭配效果	20	
总　分			

活动拓展

打开素材"项目2→任务2活动2→2.2.2素材2和文字2.2.2素材6"，尝试为提供的产品图片设计制作广告，运用合理的文字编排方法，设计编排文字整体效果。

活动3　制作变形文字

活动背景

在前面的练习活动中，我们和小可一起学习了字体类型和风格搭配，以及编排文字的方法。通常设计师会自己设计一些有创意和个性的字体造型来突出主题，表达情感。文字是可以像图形一样变形的，图形化的文字经过颜色和细节添加设计会更具有视觉冲击力，能够快速吸引人的眼球。

▣ 知识窗

1.字体设计的视觉美感

在视觉传达的过程中，文字作为画面的形象元素之一，具有传达情感的功能，因此它在视觉上一定要有美感。字形设计良好、组合巧妙的文字能够使人视觉感官愉悦，并能留下深刻、美好的印象，从而获得良好的心理反应以促进视觉营销的作用。

（1）图形化设计，增强文字醒目度。

所谓文字的图形化，就是将文字作为图形元素来表现，同时又增强文字的原有功能。我们可以按照常规的方式来设置字体，也可以对字体进行艺术化的设计；或者将字体某些笔画与具体象征含义的图形进行结合，如图2.2.41中的标题文字"甜蜜心机"，结合主题，将文字创意图形化设计为巧克力果酱的造型。

（2）添加样式，创造与众不同。

在广告中，为了突出标题文字或者价格优惠信息，我们往往会在设计字体时为这些内容文字添加一些效果样式来增强视觉效果，例如：立体字、渐变色金属质感、描边、添加色块剪影等。如图2.2.42中的"酷爽夏日"标题文字，创意设计成冰块的立体效果，增强文字视觉效果。

图2.2.41

图2.2.42

2.个性化设计，创造与众不同。

　　根据设计作品的主题和风格，突出文字设计的个性色彩，创造出与众不同的独具特色的字体。设计时，需要从字体的形态特征与组合上不断学习积累、不断修改、反复琢磨，这样才能创造出富有个性的文字，使得设计的外部形态和设计格调能唤起观看者的审美愉悦感受。对文字的笔画进行特殊的加工处理，会使得文字具有创造性和人性化的风格，如图2.2.43所示。

图2.2.43

活动目标

了解文字变形的软件操作方法，掌握文字变形的设计方法。

活动实施

设计步骤参考如下：

制作变形文字

　　（1）新建合适大小的文档，选择笔画简洁的黑体字输入"衣格子"，调整到合适的大小；选择文字图层，单击右键改变文字图层属性，转变为带路径的形状图层，如图2.2.44、图2.2.45所示。

　　（2）此时文字图层变为带有路径的形状图层，选中路径图层，选择钢笔工具，按住"Ctrl"键点击文字路径边缘激活路径状态，如图2.2.46所示。

　　（3）用钢笔工具对文字路径造型进行调整、修改，单击增加描点，按住"Ctrl"键拖动锚点，使字体笔画形成弧线造型，如图2.2.47所示；选择文字形状路径，继续调整字体其余笔画造型，最后效果如图2.2.48所示。

　　（4）剩余两个字的路径造型也用同样的方法完成修改，最终效果如图2.2.49所示。

图2.2.44

图2.2.45

图2.2.46

图2.2.47

图2.2.48

图2.2.49

活动评价

制作文字变形的设计评分点见下表：

项　　目	评分标准	分值/分	得分/分
内容设计	（1）构图布局合理	20	
	（2）文字编排与设计能有效吸引注意力	20	
	（3）文字笔画变形线条流畅	20	
	（4）文字整体造型美观、有吸引力	20	
整体效果	（5）整体颜色搭配效果	20	
总　　分			

活动拓展

参考效果图2.2.50, 尝试为所提供的店铺设计制作创意变形的标题文字效果。

图2.2.50

活动4 实训案例——视觉文字在直通车中的应用

活动背景

在前面的活动中, 我们和小可一起学习了文字的属性设置、编排方法和变形设计的内容, 在具体的设计过程中我们还要结合商品内容和广告主题去编排设计文字。直通车图是商品主图推广营销的重要形式之一, 也是强调视觉营销效果的商品图片, 文字的信息传达也显得很重要。接下来我们就和小可一起来学习淘宝直通车图设计中的文字编排。

📖 知识窗

1.认识直通车

淘宝直通车是为专职淘宝和天猫卖家量身定制的, 按点击付费的效果营销工具, 为卖家实现宝贝的精准推广。淘宝直通车推广, 在给宝贝带来曝光量的同时, 精准的搜索匹配也给宝贝带来了精准的潜在买家。淘宝直通车推广, 用一个点击, 让买家进入你的店铺, 产生一次甚至多次的店铺内跳转流量, 这种以点带面的关联效应可以降低整体推广的成本和提高整店的关联营销效果, 如图2.2.51所示。

直通车图片展示一般为正方形, 很多时候我们会直接用设计的商品主图来做直通车图展示, 所以直通车图的尺寸可以设置800 px×800 px, 或者400 px左右的正方形。常见的尺寸有430 px×430 px、650 px×650 px。

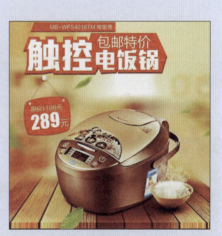

图2.2.51

2.直通车图常见的三种类型

①产品展示;

②产品+文案;

③产品创意图片+创意文案。

3.直通车图设计的要点

①设计有明确定位。直通车推广图片最重要的就是产品图, 产品图是最先展示在买家眼

前的,所以在作图之前,对该款产品有一个好的定位分析。在有一定的分析后,还需要了解该产品的消费人群,要根据人群的喜好、消费能力,设计时才会更加突出卖点,吸引买家眼球。

②产品的卖点作为重点展现。在对产品有清晰定位后,就要开始设计图片了。在制作时,一定要把产品的卖点优势重点地展现出来。并且一定要突出与众不同的特点。

③产品与背景色彩做差异化。如果产品的颜色和背景颜色是相同的,辨识度会降低,产品不突出,买家很难把注意力都集中在产品上。在设计图片时,一定要选择合适的背景色,或者在拍摄图片时,背景颜色不能太过复杂。

④产品的展示位置。在设计产品图片时,需要知道买家的浏览习惯,浏览习惯一般都是先上后下,先左后右,先看图片后看文字。在设计图片时,不要调转了顺序,会让买家不适应,同时也不要让设计的文字来覆盖产品,这样会影响到产品展示。

⑤文字信息进行优化。直通车推广要展示产品的卖点,还要展现出它的价格,要利用文字告诉顾客这个产品,还可以设计一些促销文字来吸引买家注意。

⑥图片的清晰度很重要。在设计图片时,缩放图片会变得模糊,影响产品展示,应尽量避免。

⑦排版文字统一整体。整齐就是文字可以用左对齐、右对齐的方式排列;统一是指字体、颜色、样式、行距等统一风格,重点信息可以通过改变字体大小或颜色来突出视觉效果。

活动目标

了解直通车图的设计内容、设计要点,掌握直通车广告中的文字编排设计方法。

文字编排
直通车

活动实施

设计步骤参考如下:

(1)建立一个文档,尺寸为800 px的正方形,设计好背景。绘制径向渐变,颜色值为中间颜色(R:67, G:15, B:87)、四周颜色(R:224, G:14, B:216),如图2.2.52所示。

(2)添加绘制展示台效果,确定构图方式,摆放商品(项目2→商品图片2.2.4素材3),如图2.2.53所示。

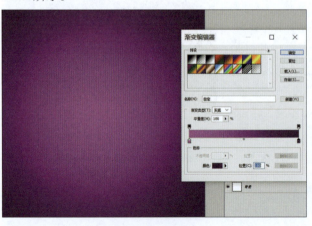

图2.2.52

图2.2.53

(3)输入文字,调整字体类型和大小增强对比,如图2.2.54所示。

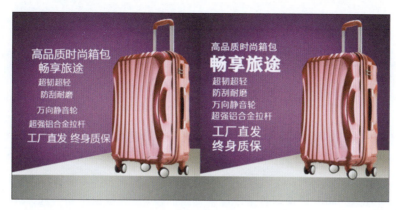

图2.2.54

（4）调整文字排列方式（点击菜单：图层→对齐→左边），对文字内容进行分组，如图2.2.55所示。

（5）调整文字色彩搭配，增加细节样式设计，提升整体视觉效果，如图2.2.56所示；添加优惠信息，增强视觉营销效果，如图2.2.57所示。

图2.2.55　　　　　　　　图2.2.56　　　　　　　　图2.2.57

活动评价

直通车图设计评分点见下表：

项　目	评分标准	分值/分	得分/分
内容设计	（1）构图布局合理	20	
	（2）文字编排与设计能有效吸引注意力	20	
	（3）商品美化与处理效果	20	
	（4）细节元素的设计与创新	20	
整体效果	（5）整体颜色搭配效果	20	
总　分			

活动拓展

尝试为提供的店铺箱包（项目2→2.2.4素材5）进行直通车图设计，使得文字有主次层次感和构成设计感，参考效果见图2.2.4素材4，增强整体视觉营销效果。

任务3
提高视觉构图技巧

情境设计

在之前的岗前美工设计培训中，小可已经学习了色彩搭配设计、文字编排设计，设计中页面的整体布局也是很重要的一个环节，要将色彩、图片和文字元素合理统筹布局在一个页面中，展现最好的效果，这就是构图。良好的构图能够优化页面信息传递，提升视觉营销的效果。小可即将开始学习美工设计中构图的技巧，大家也跟着一起来学习吧！

任务分解

在本次任务中，小可的岗前培训内容为视觉构图知识和技能，全面学习视觉营销构成元素的构图知识和技能。任务主要分为3个活动：①掌握常见的构图方法；②提升排版技能；③实训案例——视觉构图在Banner海报中的应用。

活动1 掌握常见的构图方法

活动背景

美工设计师通过一定的方法，将文字、图片等元素有效地结合与布局在有限的空间页面内，以增强观看者的注意力，提高页面信息的有效传达。在设计时，我们会根据题材和主题思想的要求，运用一定方法组织起来，最终能够形成一个协调完整的画面。在商品广告中，运用好构图能提升整体美感，同时也能促进营销效果。构图的作用很重要，小可迫不及待想要了解，我们和小可一起来看看常见的构图方法有哪些吧！

📖 知识窗

1.认识构图

构图在设计的角度也属于版式设计，就是将有限的视觉元素在版面上进行有机的排列组合，将理性的思维个性化地表现出来。增强版面构图的主题表达，并以版面特有的艺术感染力来吸引观者的目光。

2.构图设计的基本原理

在进行构图版式设计时，首先要明确设计的主要内容，再根据主要内容来确定版面的风格和结构，不同内容风格的构图设计有很大的差别。在构图版式设计中，各个设计元素是有先后顺序的，合理的顺序安排能够很好地引导观看者更快速、容易地看懂页面表达的主题。因此每个元素的大小、色彩、形态等都会影响整体的顺序。

3.常见的构图方法

为了更好地掌握构图方法，将构图规律总结出以下几种：

①中心构图。即画面中间放置主要元素，这种构图常给人稳定、庄重的感觉，比较适合表

现对称式构图，可以产生中心透视效果，但也容易产生构图呆板的效果，因此要在细节上添加设计，使得画面有所变化，如图2.3.1所示。

②九宫格构图。九宫格构图也称为井字构图，把整个画面分为九块，在画面的四个交叉点，选择一个或两个点或者任意一条直线上，作为画面主体物体的位置。这种构图给人以和谐美感，使画面富有活力，如图2.3.2所示。

图2.3.1　　　　　　　　　　　　　　　　　　　图2.3.2

③对角线构图。在对角线构图中，主体本身占据画面斜对角部位，能使画面产生较强的动态感。这种构图富于动感，显得活泼，容易产生线条的汇聚趋势，吸引人的视线，达到突出主体的效果，如图2.3.3所示。

图2.3.3

④三角形构图。三角形构图具有安定、均衡但又不失灵活的特点。这种三角形可以是正三角形，也可以是斜三角形或倒三角形，如图2.3.4、图2.3.5所示。

图2.3.4

图2.3.5

⑤黄金分割构图。图片和文字放在页面的什么位置最能吸引买家的眼球呢？这里给同学们介绍黄金分割在商品广告上的应用。黄金分割是指将整体一分为二，较大部分与较小部分的比值约为0.618。这个比例被公认为是最能引起美感的比例，因此被称为黄金分割。黄金分割具有严格的比例性、艺术性、和谐性，蕴藏着丰富的美学价值。图2.3.6是一个页面黄金分割的应用实例，首页焦点图的主要信息放在黄金分割点的位置。

图2.3.6

活动目标

了解商品促销广告的设计内容，掌握商品促销广告的构图和设计方法。

活动实施

设计步骤参考如下：

（1）新建设置文档大小为520 px×280 px，绘制简单的几何色块背景，效果如图2.3.7所示。

构图方法

图2.3.7

（2）按快捷键"Ctrl+R"调出标尺，点击菜单栏的"视图→新建参考线"，设置均分位置的参考线，运用辅助线在页面中标注九宫格线条，如图2.3.8、图2.3.9所示。

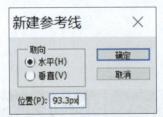 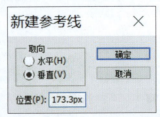

图2.3.8

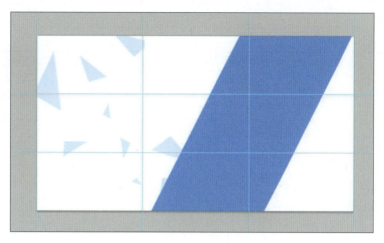

图2.3.9

（3）打开"项目2→任务3→2.3.1素材3"素材图片，将商品和文字内容分组布置在九宫格辅助线上或焦点处，如图2.3.10所示。

图2.3.10

（4）调整颜色和细节样式设计，完善最终效果，如图2.3.11所示。

图2.3.11

活动评价

促销广告的设计评分见下表:

项 目	评分标准	分值/分	得分/分
内容设计	(1)构图布局合理	20	
	(2)文字编排与设计能有效吸引注意力	20	
	(3)商品美化与处理效果	20	
	(4)细节元素的设计与创新	20	
整体效果	(5)整体颜色搭配效果	20	
总 分			

活动拓展

尝试为该店铺再制作两张不同风格的促销广告,要求运用不同的构图方法,形成店铺首页两张轮播广告。

活动2 提升排版技能

活动背景

在学习了构图的基本知识、了解了几种常见的构图方式后,接下来小可即将尝试在不同商品广告和推广主图设计中灵活运用构图方法,拆分页面的视觉元素:文字、图片、色彩,运用方法如何合理布局,搜集优秀案例并总结经验。

□ 知识窗

1.促销广告/海报要素及内容分层

常见的促销广告/海报包含的内容要素:图形、文字、色彩;设计内容归类分层:商品层、文案层、背景层,如图2.3.12所示。

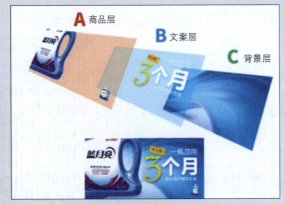

图2.3.12

2.常见店铺促销广告构图方法

根据设计元素内容,常见店铺促销广告构图方法:

（1）两栏结构：左右结构。

左文右图：字体排列上粗下细，上大下小，构架主次分明；左图右文：字体排列上粗下细，上大下小，价格部分凸显稳重，如图2.3.13所示。

图2.3.13

（2）三栏结构：中间结构。

两边图形中间文字：利用近景、远景的照片产生呼应，如图2.3.14所示。

图2.3.14

（3）两栏结构：上下结构。

上文下图、上图下文，如图2.3.15、图2.3.16所示。

图2.3.15

图2.3.16

（4）斜切结构：斜对角划分图形文字（左右方向均可），如图2.3.17、图2.3.18所示。

图2.3.17

图2.3.18

活动目标

了解商品促销广告的设计内容，掌握商品促销广告的几种构图结构和设计方法。

活动实施

设计步骤参考如下：

（1）新建一个文档，设置文档大小为750 px×350 px，放置好背景素材（项目2→2.3.2素材3），如图2.3.19所示。

排版技能

图2.3.19

（2）确定广告构图方法，合理布局商品（项目2→2.3.2素材4、2.3.2素材5、2.3.2素材6）和文字（2.3.2素材7），尝试使用左右结构构图，如图2.3.20所示。

图2.3.20

（3）调整元素比例、位置，调整色彩搭配、增加细节样式设计，如图2.3.21所示。

图2.3.21

（4）用同样的设计操作流程，尝试另一种构图结构（中间结构），效果如图2.3.22所示。

图2.3.22

活动评价

促销广告的设计评分见下表:

项 目	评分标准	分值/分	得分/分
内容设计	(1) 构图布局合理	20	
	(2) 文字编排与设计能有效吸引注意力	20	
	(3) 商品美化与处理效果	20	
	(4) 细节元素的设计与创新	20	
整体效果	(5) 整体颜色搭配效果	20	
总 分			

活动拓展

尝试运用上下结构、倾斜的构图方法,完成图2.3.23、图2.3.24的商品广告设计。

图2.3.23

图2.3.24

活动3　实训案例——视觉构图在Banner海报中的应用

活动背景

小可通过学习和小练习,掌握了一定的美工设计视觉构图的方法和技能,接下来即将开始针对店铺首页Banner设计进行练习和学习。Banner海报是店铺首页的关键展示区域,能够决定整个店铺首页给消费者的初印象。要达到这样的效果,海报上的营销信息要快速、正确地传递给消费者,因此海报构图的布局与设计尤为重要,接下来我们就和小可一起来学习吧!

📖 知识窗

1.初识Banner海报

首页轮播海报也叫Banner海报,一般位于店铺首页导航的下方,占有较大的面积,是消费者进入店铺首页中看到的醒目区域。利用好轮播广告图,不仅能带来视觉效果的震撼,还能使消费者第一时间了解店铺的活动信息。

店铺Banner海报的常见尺寸:因受首页装修模块的影响,Banner海报的宽度一般是950 px,高度尺寸可以自定。但是要注意首屏的完整展示,尽量不要将海报高度设置超过首页第一屏的高度,以免影响重要营销信息的展示。

店铺Banner海报从内容上区分主要有以下几种:

①品牌宣传型广告,如图2.3.25所示。

图2.3.25

②店铺整体活动广告,如图2.3.26所示。

图2.3.26

③具体产品打折促销、新品上市广告,如图2.3.27所示。

图2.3.27

2.Banner海报的设计要点

①店铺轮播海报的设计制作需要有个主题。无论是新品上市，还是活动促销，主题确定后，才好围绕这个方向确定海报的文案、信息等。

②合理运用构图方式。海报的构图就是处理好图片、文字之间的位置关系，使其整体和谐，并突出主体。

③配色。海报的配色十分关键，画面的色调会营造出一种氛围。在配色中，对重要的文字信息用醒目的颜色进行强调，以清晰的明暗对比传递画面信息。

④视觉冲击力。Banner海报作为首页的焦点图，目标是要从整个首页中脱颖而出。重点在于对排版和配色的把握，加强色彩和空间的对比，才能让海报视觉冲击力发挥出作用。

活动目标

了解店铺Banner广告的设计内容，掌握店铺Banner海报的构图和设计方法。

活动实施

设计步骤参考如下：

（1）新建文档，设置合适的尺寸950 px×500 px，填充背景色（R: 255, G: 205, B: 69）如图2.3.28所示。

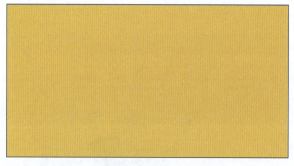

Banner 设计

图2.3.28

（2）设计好背景，计划好构图方式（中间结构），放置商品图片（项目2→2.3.3素材3、2.3.3素材4）在合适的位置，绘制中间文字底色块造型，颜色搭配选择与橙色背景对比强烈的补色——紫色, 增强视觉对比效果, 突出中间的营销文字部分, 如图2.3.29所示。

（3）输入广告文字内容, 布局好位置, 调整文字属性, 如图2.3.30所示。

（4）调整重点营销信息文字的色彩、细节样式设计, 添加优惠券、点击按钮设计, 增强视觉营销效果, 如图2.3.31所示。

图2.3.29

图2.3.30

图2.3.31

活动评价

Banner广告的设计评分见下表:

项　　目	评分标准	分值/分	得分/分
内容设计	（1）构图布局合理	20	
	（2）文字编排与设计能有效吸引注意力	20	
	（3）商品美化与处理效果	20	
	（4）细节元素的设计与创新	20	
整体效果	（5）整体颜色搭配效果	20	
总　　分			

活动拓展

尝试为商品制作两张不同风格Banner广告, 要求运用不同的构图方法, 形成店铺首页轮播广告。

项目 3
打造网店图文的视觉营销盛宴

☐ **项目综述**

　　网店有别于线下的实体店，买家难以亲身感受商品的材质、做工、细节等特点，全靠图片和文字传递信息。能让买家心动，图文是关键，图文的好坏直接关系到交易的成败。在日新月异的电商行业中，大量产品信息充斥着人们的视野，如何提高网店图文的视觉效果，让我们的产品脱颖而出？

　　一个淘宝店铺从装修到运营，需要利用图像、文字、色彩等造成冲击力吸引潜在顾客的关注，由此增加产品和店铺的吸引力，从而达到营销制胜的效果。其中包括店标、店招、商品主图、全屏海报、活动图、推广图等内容的设计。小可要想胜任乐乐包袋公司的网店美工岗位的工作任务，必须扎实地提高网店图文的视觉化设计，修炼如何用"一句话"打动消费者，用"一幅图"形成购买的技能。通过本项目的学习，设计出吸引顾客关注网店图文内容，能帮助公司提升网店的流量，并且刺激其购物欲望从而使目标流量转变为有效流量。

☐ **项目目标**

　　通过本项目的学习，应达到的具体目标如下：

　　知识目标

　　◇能根据商品的特点，撰写精准的网店商品和广告的文案。

　　◇了解logo设计的要领。

　　◇了解商品主图设计的规范。

　　◇了解网店聚划算、钻石展位推广图的视觉创意的要点。

　　能力目标

　　◇撰写网店商品文案，能够较准确地表达产品信息。

　　◇提炼网络广告文案，能够吸引顾客的关注。

　　◇熟练设计与制作网店的logo，包括静态和动态的店标。

　　◇熟练制作店铺的促销广告，并达到一定的视觉设计效果。

　　◇能够设计与制作网店商品主图，能有效地帮助提高店铺的点击率。

　　◇能够设计与制作商品推广图，视觉效果佳。

素质目标

◇熟知网店美工岗位的日常工作内容，树立爱岗敬业的意识。

◇增强文字书写表达能力，增强视觉审美，提高专业水平。

◇养成耐心、专注、坚持，不断提升作品的习惯。

◇培养学生对设计作品精益求精的工匠精神。

◇培养学生民族自豪感和爱国主义情怀。

◇提高学生对民族品牌的自豪感。

▣ 项目思维导图

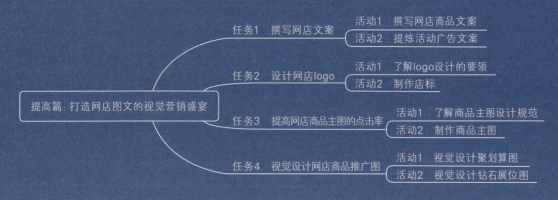

》》》》》》任务1
撰写网店文案

情境设计

小可完成了项目2的学习之后，基本掌握了如何通过提高色彩、文字、构图设计来优化网店视觉营销效果。小可跃跃欲试，开始应用这三大元素来设计商品广告，但是她不知道该怎么撰写商品的文案。网店哪里需要文案？网店的文案怎么写？这都是小可需要通过本项目学习掌握的内容。

任务分解

视觉是一种影响消费者行为的重要先决因素。随着电商的快速发展，视觉营销深受关注，为什么视觉营销会引起大家的重视呢？本任务主要分为以下两个活动：①了解视觉营销的基本概念；②了解视觉营销的价值。

活动1 撰写网店商品文案

活动背景

网店商品文案指的是表达商品信息的文字,是展示产品卖点和特点的主要途径,主要出现在商品详情页中。详情页设计的好坏,在很大程度上决定了成交量。优秀的商品详情页的文案,不仅要文笔流畅,还要和店铺的整体风格相得益彰,目标是吸引买家浏览下去,一步步引导顾客进行购买,提高商品的转化率,这个过程包括哪些步骤呢? 我们跟小可一起来学习一下吧!

📖 **知识窗**

在大品牌的网店中,文案策划是一个独立的职位,而在中小店铺中,美工与文案没有分开,美工师需要自己来提炼文案内容。所以,要想做一个优秀的美工师,文案提炼能力不可或缺。网店视觉营销与文案的结合,图文并茂、层次分明、互添趣味性、精简主题、准确表达卖点,才能抓住买家。

1.文案怎么写

①了解产品信息、同行信息。

②瞄准文案的受众,将目标进行垂直细分,可以通过淘宝指数了解同类产品的消费人群。

③确定文案的主题,折扣信息还是产品特点。

④文案的视觉表现方式。文案的主题确定之后,需要通过字体、字号、粗细、颜色等视觉手法表达亮点,凸显文案主题。

2.商品文案的类别

商品文案的类别包括商品属性、参数的描述、商品亮点剖析。文案类别见表3.1.1。

表3.1.1

文案类别	文案作用	文案内容	案 例
商品属性和参数的描述	完善产品细节属性信息,增强品牌信息	产品的基本信息和属性,包括尺寸、材质、颜色、功能等信息	
商品亮点剖析	增加图片的可读性;帮助买家更好、更快地了解产品;引起消费者情感共鸣	产品的卖点,设计的亮点等	

活动目标

了解网店商品文案的类别，掌握商品文案如何和图片结合，商品详情页文案布局。

活动实施

设计步骤参考如下：

（1）留住买家。详情页的第一步就是要留住买家，可以通过促销活动来吸引买家，如图3.1.1所示。

图3.1.1

（2）戳中买家的痛点。文案内容描述出商品能解决的问题和困难，戳中买家的痛点，激发买家兴趣，如图3.1.2—图3.1.4所示。

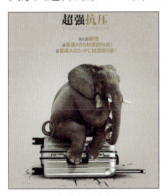

图3.1.2　　　　　　　　　　图3.1.3　　　　　　　　　　图3.1.4

（3）突出商品价值，刺激购买欲望。文案的内容体现商品使用的场景，使用效果图勾起回忆或情怀，从各个方面展示商品的优势，刺激买家购买欲望，如图3.1.5、图3.1.6所示。

（4）消除买家风险。该部分文案内容要展示品牌实力、售后服务、购物指南、商品问答、物流包装等信息，打消买家的疑虑，如图3.1.7、图3.1.8所示。

图3.1.5

图3.1.6

为了更好地提升用户体验，现将七天无理由换货，升级为七天无理由退货！

问 常见问题

问1：支持开票吗？
答：支持

图3.1.7

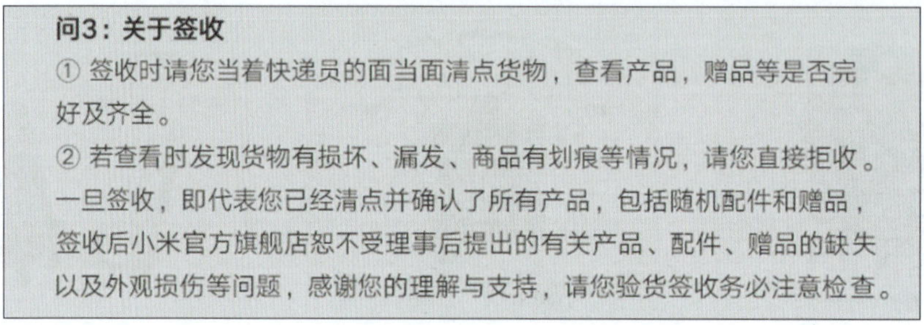

问3：关于签收
① 签收时请您当着快递员的面当面清点货物，查看产品，赠品等是否完好及齐全。
② 若查看时发现货物有损坏、漏发、商品有划痕等情况，请您直接拒收。一旦签收，即代表您已经清点并确认了所有产品，包括随机配件和赠品，签收后小米官方旗舰店恕不受理事后提出的有关产品、配件、赠品的缺失以及外观损伤等问题，感谢您的理解与支持，请您验货签收务必注意检查。

图3.1.8

活动评价

详情页商品文案评分见下表：

项　目	评分标准	分值/分	得分/分
内容设计	（1）文字要能够描述产品的核心功能或典型使用情景。	15	
	（2）文字要简练，可读性好，描述标题文字控制在6~20个汉字。	15	
	（3）文字设计要考虑目标用户的可理解性，了解目标用户的认知行为习惯与文化特征。	15	

续表

项　目	评分标准	分值/分	得分/分
内容设计	（4）文字设计要具有情感化特征。	15	
	（5）文字设计要有阅读层次性，以渐进式的文字设计引导用户认知产品，以标题文字为核心，以内容解释文字为展开基础。	20	
整体效果	（6）文字叙述风格统一，文字设计要具有延续性和统一性。	20	
总　分			

活动拓展

根据提供的商品信息的素材，打开"项目3→3.1.1优化详情页文素材.psd"素材文件，按照详情页商品文案评分点，提炼文案，优化商品详情页的文案内容。

活动2　提炼活动广告文案

活动背景

电商的活动主要包括重大节日活动、淘宝热门活动、店铺促销活动、钻石展位、聚划算、直通车等推广广告。电商活动广告文案最直接的意义，就是提高商品的点击率和转化率。电商战场已硝烟弥漫，"双11"大促涌进来的人流里，你能分多少流量，全看活动文案"吆喝"得好不好。乐乐包袋皮具公司，现在上新一款拉杆箱，准备参加今年"双11"大促活动，活动广告投放到钻石展位，前期需要小可帮忙提炼活动广告的文案。如何提炼活动广告的文案，才能吸引买家注意力？我们跟小可一起来学习一下吧！

🗒 知识窗

电商活动文案的意义就在于通过卖力的吆喝，分得一杯更大的"流量羹"，而现在每个页面用户的平均停留时长基本以秒为单位，因此文案力求简洁。

1.活动文案写什么

为什么要买这个？为什么在这里买？为什么现在买？文案抓住这三点，就抓住了用户的心。

（1）为什么要买这个？

文案提炼要点：对比同类商品，提炼出它的核心卖点，把商品特点转换成消费者的实惠。例如：新发华为Mate X2手机，提炼的核心卖点是新一代折叠屏手机。华为官网广告如图3.1.9所示。

图3.1.9

（2）为什么在这里买？

文案提炼要点:突出促销活动，通过文案表达出产品的差异点，表明只此一家的便宜。例如：苏宁易购平台的OPPO Reno6系列手机广告提炼了"12期免息赠耳机"的优惠信息，突出了在苏宁易购购买差异化，表明只此一家的便宜。这就会成为消费者在苏宁购买的理由。苏宁电器OPPO Reno6系列活动广告如图3.1.10所示。

图3.1.10

（3）为什么现在买？

文案提炼要点:要突出活动的即时性，通过限量抢购、限时优惠、前N名下单有礼等活动，营造一种紧张感，引导用户立刻下单购买。例如：天猫"618"国货活动，满500减100元活动限时"6.18"的0—2点，如图3.1.11所示。

图3.1.11

2.活动文案怎么写

（1）高频词排列组合。

确定活动文案写什么之后，初学者可以尝试使用高频词进行排列组合，提高文案提炼的效率和质量。不用复杂的修辞和文字游戏，力求以简单粗暴的方式直击消费者。

高频词：

• 主语：尖货、爆款、好货、精选等。

• 限定词：限时、限量、前N名下单有礼、全场、全店等。

• 价格：直降、立省、立减、第二件半价、3件5折、满600返150元等。

• 玩法：领券、红包、赠礼、免息、抽券、抽奖等。

• 氛围词：火爆、火热、疯抢、嗨购、抢购等。

由这五组高频词进行任意排列组合，就可以轻松写出很多活动文案。首先尽量优先考虑价格优惠，这个对用户是最直观的；其次再考虑抽奖、送礼等玩法，前面两个都没有太大差异时，再推商品卖点。

（2）好文需要配好图。

好的文案需要搭配出色的图片，再动人的文案不如一张有说服力的图片，用文案说明细节、用图片帮助消费者缩短理解的时间，长篇大论不如图文并茂地解说，案例如图3.1.12所示。

图3.1.12

活动目标

针对乐乐包袋皮具公司参与活动的拉杆箱，提炼"双11"大促活动广告的文案，活动广告投放到钻石展位，拉杆箱的产品素材和基本信息如图3.1.13所示。

图3.1.13

活动实施

（1）提炼核心卖点。为什么要买这个？文案提炼要点：对比同类拉杆箱商品，大部分用的是PC材料，而这款产品使用"ABS+PC超强韧度材料"，所以这点作为它的核心卖点提炼出来。

（2）突出促销活动。为什么在这里买？文案提炼要点：突出促销活动，通过文案表达出产品的优势和让利。此款旅行箱是"镇店之宝""全网热销的旅行箱""原价626元，现价257元""先领券，再购买"，诠释为什么在这里买的原因。

（3）突出活动的即时性。为什么现在买？文案提炼要点：要突出活动的即时性，提炼出"仅此一次""错过今年，再等一年""从来不打折，今天破例了"来营造一种紧张感，引导用户立刻下单购买。

最后提炼出的文案见表3.1.2。

表 3.1.2

问题	文案提炼要点	文案内容
为什么要买这个	对比同类商品，提炼出它的核心卖点	ABS+PC超强韧度材料
为什么在这里买	突出促销活动，通过文案表达出你产品的差异点，表明只此一家的便宜	"镇店之宝""全网热销的旅行箱""原价626元，现价257元""先领券，再购买"
为什么现在买	要突出活动的即时性，来营造一种紧张感，引导用户立刻下单购买	"仅此一次""错过今年，再等一年""从来不打折，今天破例了"

（4）好文配好图。选择产品图，根据"双11"节日氛围，选择活动广告底色为天猫红，通过文字排版技巧，视觉性设计，突出卖点，促销点，效果如图3.1.14所示。

图3.1.14

活动评价

详情页商品文案评分见下表：

项目	评分标准	分值/分	得分/分
内容设计	（1）对比同类商品，文字要能够准确表达核心卖点。	20	
	（2）主题精简，可读性好，突出促销活动，抓住买家。	20	
	（3）文字设计要考虑目标用户的可理解性，了解目标用户的认知行为习惯与文化特征。	20	

项　目	评分标准	分值/分	得分/分
内容设计	（4）突出活动的即时性，营造一种紧张感，引导用户立刻下单购买。	20	
	（5）图文并茂，相映成趣，层次分明。	20	
总　分			

活动拓展

　　科颜氏（Kiehl's）官方旗舰店欲推销明星产品：科颜氏金盏花植物活肤水（250 mL/500 mL）参加4月份的天猫活动，产品信息和活动策划内容见图片文件"3.1.2素材.jpg"，根据提供的资料，完成表3.1.3，提炼产品活动文案。

表 3.1.3

问题	文案提炼要点	文案内容
为什么要买这个	对比同类商品，提炼出它的核心卖点。	
为什么在这里买	突出促销活动，通过文案表达出产品的差异点，表明只此一家的便宜。	
为什么现在买	要突出活动的即时性，来营造一种紧张感，引导用户立刻下单购买。	

》》》》》任务2
设计网店logo

情境设计

　　通过任务1的学习，小可掌握了网店文案的提炼技巧。而网店的logo作为网店的视觉图形传播符号，需要美工师通过对企业网店的了解，将网店的定位、经营模式、产品类别、优质的产品等信息，都涵盖于logo中，通过不断地刺激和反复刻画，让品牌深入人心。小可需要通过本任务的学习，了解logo设计的要领，并能根据客户的要求设计制作店标。

任务分解

　　网店logo作为网店的身份符号，一个好的店标不仅能很好地体现店铺的文化和内涵，同时也能在买家心中留下良好的第一印象，进而对店铺产生强烈的信任感，其重要性不言而喻，是企业的无形资产。如何设计出深入人心的店铺logo呢？本任务主要分为3个活动：①了解logo设计的要领；②制作静态店标；③制作动态店标。

活动1　了解logo设计的要领

活动背景

小可作为网店美工师，经常需要为顾客设计网店logo，所以，小可急需了解logo设计要领，例如尺寸是多少？应该包含什么内容？如何用视觉化设计呈现？我们跟小可一起来学习一下吧！

🖰 知识窗

网店的logo作为一种视觉图形传播符号，有强烈的传达功能，承载着企业的无形资产，是企业综合信息传递的媒介。因为容易被人们理解和使用，成为国际化的视觉语言。在网店形象宣传过程中，是应用最广泛，出现频率最高，同时也是最关键的元素。网店标志简称店标，指在商品店面标识系统中可以被识别但不能用语言表达的部分，是店面标识的图形记号。分为静态店标和动态店标。

1.网店的标志会出现在哪里

（1）店招。标志一般会出现在店铺最显著的位置，如图3.2.1所示。

图3.2.1

（2）淘宝搜索列表页。很多人会忽视，但这个位置是一个比较大的流量入口，尤其是知名度比较高的品牌而言。例如，检索淘宝店铺，搜索"母婴用品"，检索结果如图3.2.2所示。

图3.2.2

（3）淘宝首页的热门品牌中显示logo，如图3.2.3所示。

图3.2.3

（4）各类活动推广图。包括聚划算、钻石展位、主图等活动推广店铺品牌，如图3.2.4所示。

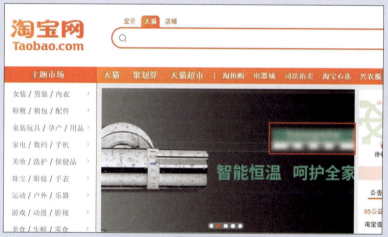

图3.2.4

2.店铺logo设计要点

（1）设计尺寸。

淘宝官方的建议尺寸为80 px×80 px或100 px×100 px（正方形），大小<80 kB，格式：jpg、gif、png。

（2）logo的设计技巧。

①保持视觉平衡、讲究线条的流畅，使整体形状美观。

②用反差、对比或边框等强调主题。

③选择恰当的字体。

④注意留白，给人想象空间。

⑤运用色彩。因为人们对色彩的反应比对形状的反应更为敏锐和直接，更能激发情感。

（3）logo设计中的色彩运用技巧。

①基色要相对稳定。

②强调色彩的形式感：比如重色块、线条的组合。

③强调色彩的记忆感和感情规律：比如黄色代表富丽、明快；橙红给人温暖、热烈感；蓝色、紫色、绿色使人凉爽、沉静。

④合理使用色彩的对比关系：色彩的对比能产生强烈的视觉效果，而色彩的调和则构成空间层次。

⑤重视色彩的注目性，注目程度高的配色，明度对比较大、传达力较强，例如黑黄、黑白、白绿、红白搭配等；注目程度低的配色，明度对比不大、传达力较弱，例如黄白、红蓝、黑紫、蓝紫、白绿搭配等。

活动目标

了解店铺logo的创意设计的几种常用方法；学会视觉化设计logo，诠释企业要求和内涵。

活动实施

（1）以对象全名进行字体设计。以客户公司名称为logo设计原型，通过对字体的设计，达到客户对标志的诉求，如图3.2.5所示。

（2）以对象名称字首为主的创意设计。以客户公司名称中的某个字母进行处理，通常对首字母或首个字进行设计，或是以缩写字母为原型，如图3.2.6所示。

图3.2.5

图3.2.6

（3）以对象性质进行象征设计。通过适合公司的性质、经营的内容、方向等象征型手法设计，将字体的笔画进行象征性演变的形式，非常形象和具有亲和力，如图3.2.7所示。

（4）抽象符号。通过抽象的符号，几何图形等组合来设计logo，通常该类标志比较理性和严谨，如图3.2.8所示。

（5）以历史、典故、社会特性、地域性特征等进行创意设计，如图3.2.9所示。

图3.2.7

图3.2.8

图3.2.9

活动评价

网店logo评分见下表：

项　目	评分标准	分值/分	得分/分
内容设计	（1）核心性。整个网店是在进行视觉传达要素中的核心，足够权威和简练。	25	
	（2）统一性。店铺经营的理念和文化，以及产品定位和装修风格相互统一。	25	
	（3）识别性。简单直接，便于识别和记忆。	25	
	（4）时代性。符合时代审美需要，具有现代时尚感，充分吸引目标消费者。	25	
总　分			

活动拓展

分析2010年上海世博会的logo，包括logo选用什么设计方法？该logo有什么特点？说说第一次看到这个logo的印象。logo如图3.2.10所示。

图3.2.10

活动2　制作店标

活动背景

乐乐包袋皮具公司是一个传统皮具包袋加工制造企业，以往线下实体店分销量一直不错，最近几年感受到了电商营销模式带来的冲击，公司增设了网销部，在淘宝上开设了网店，团队要将公司品牌、产品在平台上装修、推广。小可作为公司美工部的实习生，要负责为公司设计网店的logo。

制作店标

活动目标

根据logo设计要点，为乐乐包袋皮具公司设计网店的logo。

活动实施

设计步骤参考如下：

确定"以对象性质进行象征设计"的设计方法。这种设计方法，能让网店logo更形象，顾客能通过logo了解经营的内容，非常具有亲和力。

（1）打开Photoshop，新建文件，并命名为"店铺logo"，文件大小为100 px×100 px，效果如图3.2.11所示。

（2）输入文字。使用文字工具，输入公司名称"乐乐包袋"，选择字体"华文琥珀"，字号大小为"18"，文字颜色"R：236，G：20，B：90"，并用空格键控制"包"字左右的距离，方便后面添加图形效果，效果如图3.2.12所示。

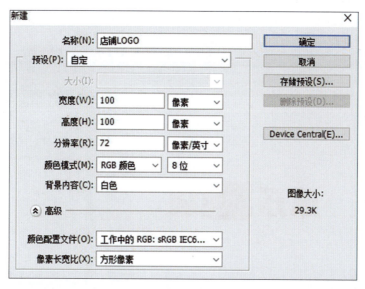

图3.2.11

图3.2.12

　　（3）象征性设计手提包图形。选择"圆角矩形工具"，其属性设置为"形状图层"，半径为"10"，前景色不变，绘制出一个圆角矩形，效果如图3.2.13所示。

　　（4）绘制手提袋的提手。新建图层1，用"椭圆选框工具"绘制圆形并填充前景色；接着，选择菜单"选择"→"修改"→"收缩"，收缩量：7个像素，按"Delete"键挖空中间；合并图层1和形状1，手提包图像制作完成，效果如图3.2.14所示。

图3.2.13

图3.2.14

（5）制作文字效果。调整图层，把"乐乐包袋"文字图层拖到最顶层，给"包"字添加白色，给"袋"字添加灰色"R：120，G：120，B：120"，效果如图3.2.15所示。

（6）给"乐乐"添加文字高光效果。选中文字图层，按"Ctrl+图层缩略图"组合快捷键，载入文字选区；选择"椭圆选框工具"，属性栏设置为"与选区相交"，合成出想要的高光区域；新建图层2，给选区填充浅灰色"R：220，G：220，B：220"，图层透明度设置为"50%"，效果如

图3.2.16所示。

图3.2.15

图3.2.16

（7）添加立体效果。合并除背景以外的所有图层，并双击图层，添加"阴影"效果，参数与效果如图3.2.17所示，logo设计完成。

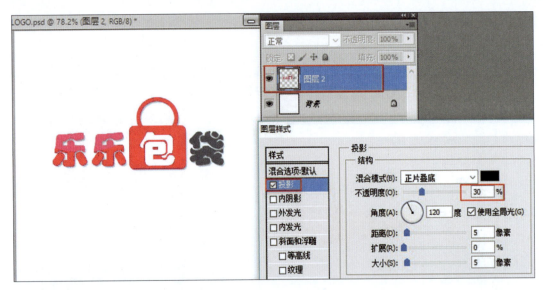

图3.2.17

活动评价

网店logo评分见下表：

项　目	评分标准	分值/分	得分/分
内容设计	（1）核心性。整个网店在进行视觉传达要素中的核心，足够权威和简练。	25	
	（2）统一性。店铺经营的理念和文化，以及产品定位和装修风格相互统一。	25	
	（3）识别性。简单直接，便于识别和记忆。	25	
	（4）时代性。符合时代审美需要，具有现代时尚感，充分吸引目标消费者。	25	
总　分			

活动拓展

盏茶浅抿是一家奶茶店，正在筹备开店中，需要设计店铺的logo。理念"用原味，还原真味"，请为该店设计一个店铺的logo。

任务3
提高网店商品主图的点击率

情境设计

主图是商品最重要的展示窗口，也是店铺的门户，更是买家对商品或者店铺的第一印象。与主图联系最紧密的数据就是：点击率。主图的优劣直接影响点击率，进而影响着店铺流量。那么如何来设计一张高点击率主图呢？

小可作为美工部的实习生，为公司产品设计主图是日常工作之一，淘宝竞争越来越激烈，要想从众多竞争对手中被消费者选中，就要从主图多下工夫。今天，乐乐包袋皮具公司上新一款拉杆箱产品，需要小可为此产品设计主图。主图设计有哪些要求和技巧呢？我们跟随小可一起，通过本项目学会制作高点击率的商品主图吧！

任务分解

商品主图是一款产品的流量入口，对引流起着至关重要的作用，一张好的主图可以为店铺运营省下很多成本和精力，怎么让自己的主图在整个淘宝页面中脱颖而出？本任务主要分为两个活动：①了解商品主图设计规范；②制作商品主图。

活动1　了解商品主图设计规范

活动背景

电商产品繁多，要做好一张主图，应该遵循哪些设计原则呢？主图上的文案应提炼什么内容？文案排版如何处理？色彩搭配有没有什么禁忌？这些都是我们在设计商品主图之前应该了解的内容。我们跟小可一起来学习商品主图的设计原则吧！

🖳 知识窗

在淘宝搜索的背后是有需要、有要求的顾客，有自己的情感、喜恶，不考虑顾客体验、没有消除顾客疑虑的主图，会让消费者先入为主地认为这个产品质量一般，我们需要通过主图及其文案布局恰当地展示给消费者产品质量过硬又实惠的第一印象。

1.主图尺寸及规范（见表3.3.1）

表3.3.1

平　台	规范要求
淘宝网	正方形，尺寸310 px×310 px～800 px×800 px，建议800 px×800 px，大小尽量不超过500 kB，图片格式：JPG、PNG、GIF。

续表

平 台	规范要求
天猫商城	尺寸800 px×800 px以上，第一张主图必须为实物图，图片不得拼接，不得出现任何形式的边框，不得出现水印，不得包含促销等文字说明。该文字说明包括但不限于秒杀、限时折扣、包邮、*折、满*送*等商标。logo放置于主图左上角，且logo大小在固定比例以内，宽度为图片大小的十分之四以内，高度为图片大小的十分之二以内不允许出现拼接图，除情侣装、亲子装等特殊类目外，不得出现多个主体，不同行业对主图要求会有所不同。
京东	尺寸800 px×800 px，分辨率为72 dpi，图片格式为JPG。主图必须为商品主体正面实物图，图片清晰，无噪点，不能模糊，满画布居中显示，保证亮度充足，真实还原商品色彩。

　　2.淘宝主图设计的原则

　　(1)引起注意力原则。

　　黄金三秒法则，基本上买家只给了我们三秒的时间。如果在三秒内没有吸引顾客，基本关闭这个页面，所有我们需要让顾客"秒懂"，所以主图不能承载太多信息，要重点突出主题，弱化其他内容。

　　(2)产品图片的选择。

　　产品主图选用的产品图片清晰简洁，要能展现商品某一角度的全貌，不要选择只显示商品局部内容的照片；产品图要尽量把展示区填满，例如产品高度一般是背景高度的2/3~4/5，拍正面的产品建议是2/3，产品宽度一般到背景的4/5。具体的还要根据拍摄时的情况来确定。

　　(3)背景与产品、文案信息之间的配色原则。

　　色彩是图片的一个重要元素，色彩用得好不好，会直接影响到主图的质量。主体宝贝既要与背景图片的颜色相协调，又要形成鲜明的对比，让人眼前一亮。根据自己产品的颜色，可选择同色系、邻近色、类似色、中差色、对比色等基础配色方案进行配色。文字的用色，尽量不要超过三种，建议是两种或者单色。

　　网页最常用流行色：

　　蓝色——蓝天白云，沉静整洁的颜色。

　　绿色——绿白相间，雅致而有生气。

　　橙色——活泼热烈，标准商业色调。

　　暗红——宁重、严肃、高贵，需要配黑和灰来压制刺激的红色。

　　(4)文字内容排版原则。

　　文字内容排版要大小分明，看起来更有层次感，切记要突出卖点，文字不要超过图片的三分之一，更不要覆盖住主图。如果文字过多，会影响用户的观看，反而让用户看不到产品的卖点，造成不好的影响。

活动目标

打造具有一定视觉效果的主图,掌握主图文案排版技巧和主图配色技巧,提高视觉设计,让用户眼前一亮,产生购买欲。

活动实施

设计步骤参考如下:

(1)挑选能表达卖点的大图,图片清晰无色差无变形。

(2)确认宝贝卖点及促销信息,提炼文案。

(3)主图文案排版设计。

主图中的文字和产品摆放的位置,常用版式有位置沉底排版、左右排版、上方位置排版、自由排版等排版方式,具体根据产品的造型需要以及构图需要来确定文案应该排放的位置。

①位置沉底排版。最常见、最方便的一种,简单又多变化,这种文案信息位置排版方式一般不会破坏画面的整体性,文字信息需要和底色配合点线面变化。案例如图3.3.1所示。

图3.3.1

②左右排版。文字偏左或者偏右,通常文字采用竖式排版,适合描述多行信息点,是比较常用的方式。文案信息需要主次分明,颜色尽量选择单色或两色,字体不要超过两种,文字越精简越好,案例如图3.3.2所示。

图3.3.2

③上方位置排版。这种排版方式把文字放到产品的垂直上方会给人总体不稳定的感觉,所以很少使用,案例如图3.3.3所示。

④自由灵活排版。根据宝贝主图的空缺位灵活摆放促销图标,一般是右上角的居多。斜向视觉:斜向排版的视觉效果有一定的冲击力,不过倾斜不要超过45°,而且多行文案要同时倾斜才不会不协调。

横竖混排:不论横排文本还是竖排文本,一处信息最多两行,重点是主次信息要分明,主要信息的字体要偏大、颜色要更突出,案例如图3.3.4所示。

图3.3.3

图3.3.4

（4）主图配色技巧。淘宝主图颜色搭配的几种固定搭配方法：

①蓝白橙——蓝为主调。白底，蓝标题栏，橙色按钮或图标做点缀。例如天猫进口超市常用活动主图模板，如图3.3.5所示。

图3.3.5

②红白橙——红为主调。白底，红标题栏，橙色按钮或图标做点缀。例如主图模板，如图3.3.6所示。

图3.3.6

③绿白橙——绿为主调。白底，绿标题栏，橙色按钮或图标做点缀。例如春季活动主图模板，如图3.3.7所示。

图3.3.7

④暗红黑——暗红主调。黑或灰底，暗红标题栏，文字内容背景为浅灰色。例如天猫淘宝天猫年货节的红色活动主图模板，如图3.3.8所示。

图3.3.8

活动评价

商品主图设计评分见下表：

项　　目	评分标准	分值/分	得分/分
内容设计	（1）主图文案要精简，卖点要突出。	25	
	（2）图片为商品主体正面实物图，要清晰美观，产品图无变形，满画布居中显示，保证亮度充足，真实还原商品色彩。	25	
	（3）背景干净整洁。	25	
	（4）主图文字颜色搭配协调。	25	
总　　分			

活动拓展

上淘宝网搜索关键词"手机"，在检索的结果中选择你最喜欢的3张主图，并说说吸引你点击的理由。

活动2 制作商品主图

活动背景

乐乐包袋皮具公司要促销一款女包,需要为产品设计一个引人入胜的主图,公司希望产品主图要有一定的视觉效果,能有效地吸引顾客点击该产品,活动文案已经提炼(文案:2020 fashion style 5折秒杀,包邮,性感,真牛皮,价格:298,专柜价:596)。产品素材图片如图3.3.9所示。

活动目标

能根据公司的要求,设计制作高点击率的商品主图。

活动实施

设计步骤参考如下:

(1)新建文件。启动Photoshop CS5新建文件,宽高都为800像素×800像素,分辨率为72像素/英寸,如图3.3.10所示。

图3.3.9

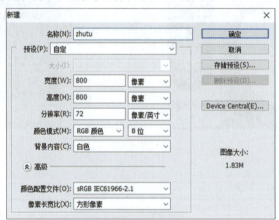

制作商品主图

图3.3.10

(2)制作主图背景。在Photoshop CS5中选择"渐变工具",并选择渐变的颜色,颜色参数如图3.3.11所示。

图3.3.11

（3）添加渐变效果。选择渐变类型为径向渐变，并选择为反向，由画面中心向外拖拽鼠标，制作均匀的渐变效果，效果如图3.3.12所示。

图3.3.12

（4）制作底色纹理。给底色渐变图层添加颗粒效果，点击菜单"滤镜"—"纹理"—"颗粒效果"，调节颗粒强度为"24"，对比度为"50"，颗粒类型为"结块"，效果如图3.3.13所示。

（5）调整产品图片大小。打开素材"项目3→3.3.2素材1.psd"文件，将事前抠好的产品图片放入画布中，调整好产品大小、比例，尽量占满画布，居中显示，效果如图3.3.14所示。

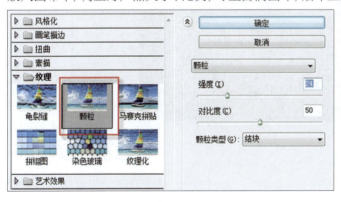

图3.3.13

图3.3.14

（6）制作阴影。使用"椭圆选框工具"绘制椭圆图形，将羽化调节为"40"，使用油漆桶工具填充为黑色，如图3.3.15所示。

（7）绘制价格标签底色。调整阴影位置和透明度，并使用椭圆工具绘制价格标签底色，依据画面空白部分，放置价格标签在左上角，如图3.3.16所示。

图3.3.15

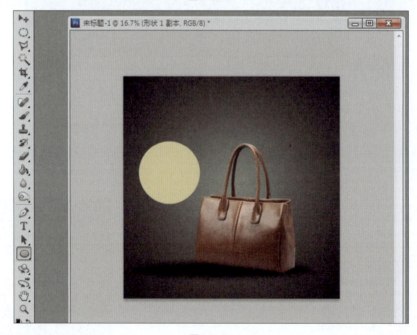

图3.3.16

（8）绘制价格标签纹理。使用画笔工具绘制价格标签纹理，选择画笔时尽量选择机理效果比较强的画笔，如图3.3.17所示。

（9）促销文字排版，完成制作。使用同样的方法制作商品促销文字的机理效果，如图3.3.18所示。

图3.3.17

图3.3.18

活动评价

商品主图设计评分见下表：

项　目	评分标准	分值/分	得分/分
内容设计	（1）主图文案要精简，卖点要突出。	25	
	（2）图片为商品主体正面实物图，要清晰美观，产品图无变形，满画布居中显示，保证亮度充足，真实还原商品色彩。	25	
	（3）背景干净整洁。	25	
	（4）主图文字颜色搭配协调。	25	
总　分			

活动拓展

　　店铺上新一款女包,需要设计产品主图,(文案:真皮女包,奢华迷离、尽展高贵,限时抢购:¥299,原价:996.66),请你根据主图的设计原则和技巧,为此款女包设计产品主图吧! 打开素材"项目3→3.3.2素材2.JPG"文件,图片如图3.3.19所示。

图3.3.19

任务4
视觉设计网店商品推广图

情境设计

　　淘宝活动是卖家获取大量流量资源的重要途径,淘宝每年都有各种活动大促。想要利用活动资源,获得最大程度的店铺流量,这些淘宝活动不容错过,常见的活动有聚划算、钻石展位、直通车、天天特价等。高精度营销,按点击或展示付费,是卖家必不可少的营销利器。这些活动大部分要依靠投放的活动图片创意来吸引买家点击,获取大流量,一张好的活动推广图能有效地提高产品和店铺的点击率,帮助卖家获取更大的利润回报。本任务通过聚划算活动和钻石展位活动图来认识网店商品推广图的视觉设计与制作。

任务分解

　　一张优秀的活动推广图能有效地提高产品或店铺的点击率,如何设计出吸引买家的推广图呢? 活动图的设计需要遵循哪些规则? 如何提高活动图的视觉效果? 本任务主要分为两个活动:①视觉设计聚划算图;②视觉设计钻石展位图。

活动1　视觉设计聚划算图

活动背景

　　小可是公司的淘宝美工,昨天接到亿森公司的任务,需要为其现代客厅装饰品摆件制作一张聚划算的活动图,参与"618"年中大促的聚划算活动,公司希望活动图能有一定的视觉效果,能引起消费者的关注。为了能完成公司的任务,小可需要了解聚划算活动的规则和图片要求。我们跟随小可一起学习吧!

🗐 知识窗

　　淘宝聚划算作为淘宝卖家最关注的推广活动之一,是由淘宝官方组织的线上团购活动形式,能为店铺带来大流量,但同时需要付费推广。

1.聚划算活动概念

淘宝聚划算作为淘宝卖家最关注的推广活动之一，是团购的一种形式，由淘宝网官方开发平台，并由淘宝官方组织的线上团购活动形式。为了让商品能更好地展示给消费者，同时降低各位商家的制图成本，聚划算活动将产品图片与标签、产品营销利益点分离；各位商家仅需考虑画面主体、元素、色彩、氛围等构成是否和谐、构图形式、元素的取舍及构成、画面品质感等方面，标签及产品营销利益点均在商品发布后台完成纯文字填写。

2.聚划算商品图片发布规范

图3.4.1是聚划算商品图片示意图，发布规范包括以下4点要求：

图3.4.1

①图片大小：960 px×640 px。

②logo位置：logo统一放置在画面左上角，不得添加底色，显示大小最宽不超过180像素，最高不超过120像素。logo最左侧及最上侧均离产品图片左侧及上侧20像素。

③图片：商品图必须要主次分明；商品图片居中放置，角度以展示商品全貌为最佳。

④商品图背景：

a.建议使用单色背景（包括统一色调的渐变）；有模特的不可截掉头部；

b.如有场景图，必须模糊化处理；

c.不能在背景上添加任何形式的自制标签以及产品特点、营销利益点等文字信息。

3.聚划算商品推广图案例

聚划算商品推广图案例如图3.4.2、图3.4.3所示。

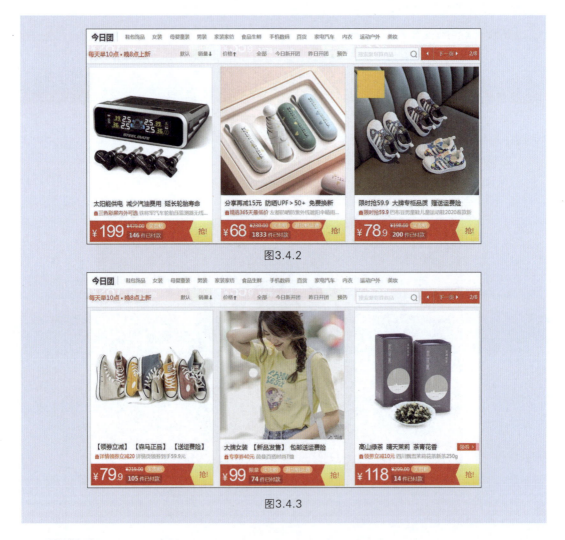

图3.4.2

图3.4.3

活动目标

按照聚划算的活动图规范要求，为亿森公司的现代客厅装饰品摆件制作一张聚划算的活动图，效果图如图3.4.4所示。

图3.4.4

活动实施

设计步骤参考如下：

（1）新建文件大小，宽为960 px，高为640 px，打开素材"项目3→3.4.1素材→背景.jpg"文件，选择"裁图工具"，具体操作如图3.4.5所示。

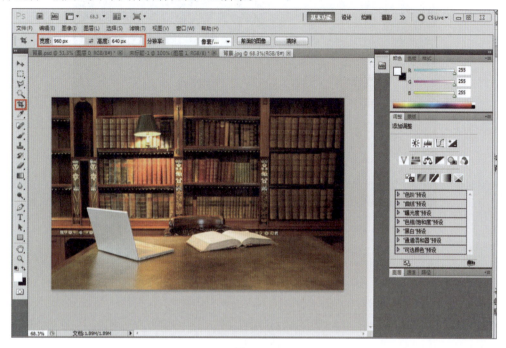

图3.4.5

（2）模糊处理背景。选择背景图层，点击菜单"模糊"→"高斯模糊"，半径设置为"9.0"，具体操作如图3.4.6所示。

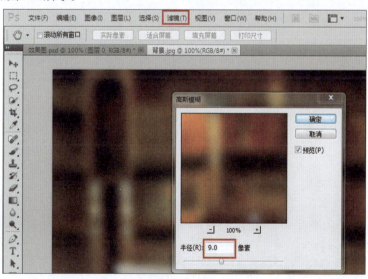

视觉设计网店
商品推广图

图3.4.6

（3）处理产品图。打开素材"项目3→3.4.1素材→产品摆件.jpg"文件，使用"魔术棒工具"抠图去掉白色背景，并移动到背景文件中，调整好大小，效果如图3.4.7所示。

图3.4.7

（4）制作倒影。复制"图层1"，自动生成"图层1副本"，并按快捷键"Ctrl+T"，再点击鼠标右键，然后选择"斜切"，调整下面两个手柄的位置，具体如图3.4.8所示；按住"Ctrl+图层缩略图"载入选区，具体操作如图3.4.9所示；给选区填充黑色，使用高斯模糊给倒影做模糊处理，最后调整"图层1副本"的图层不透明度为"20%"，效果如图3.4.10所示。

（5）添加logo。打开素材"项目3→3.4.1素材→logo.jpg"文件，使用魔术棒工具抠掉白色背景，调整logo大小，放置到合适的位置（显示大小最宽不超过180 px，最高不超过120 px，logo最左侧及最上侧均离产品图片左侧及上侧20 px），聚划算活动图最终效果如图3.4.11所示。

图3.4.8

图3.4.9

图3.4.10

图3.4.11

活动评价

设计评分见下表：

项 目	评分标准	分值/分	得分/分
内容设计	（1）活动图的图片大小是否为960 px×640 px。	20	
	（2）logo统一放置在画面左上角，不得添加底色，大小合适。	20	
	（3）商品图必须要主次分明；商品图片居中放置，角度以展示商品全貌为最佳。	20	
	（4）建议使用单色背景（包括统一色调的渐变）；有模特的不可截掉头部；如有场景图，必须模糊化处理。	20	
	（5）不能在背景上添加任何形式的自制标签以及产品特点、营销利益点等文字信息。	20	
总 分			

活动拓展

尝试为爱蒂可家居专营店制作1张聚划算活动图，产品为创意摆件工艺品"泡泡女孩"，打开素材"项目3→3.4.1素材"文件，提供的素材如图3.4.12所示，背景可自行设计或网络下载。

泡泡女孩 摆件.jpg   LOGO2.jpg

图3.4.12

活动2　视觉设计钻石展位图

活动背景

在"618"活动来临之际，公司决定借助钻石展位投放平台，助力"618"促销活动。美工部门主要负责钻石展位推广图的设计与制作。淘宝钻石展位图片的好坏，也直接关系到引流成本的高低。我们一起来了解一下钻石展位活动的规则和图片要求，为公司设计具有一定的视觉效果的活动图，给店铺和宝贝引流，实现"618"促销活动的海量曝光。

🗔 知识窗

1.钻石展位活动概念

钻石展位(简称:钻展)是淘宝网图片类广告位竞价投放平台,是为淘宝卖家提供的一种营销工具。钻石展位依靠图片创意吸引买家点击,获取大流量。钻石展位是专为有更高信息发布需求的卖家量身定制的产品。精选了淘宝最优质的展示位置,通过竞价排序,按照展现计费。钻石展位性价比高,更合适店铺、品牌推广。

钻石展位是按照流量竞价售卖的广告位。计费单位为CPM(每千次浏览单价),按照出价从高到低进行展现。卖家可以根据群体(地域和人群)、访客、兴趣点三个维度设置定向展现。

2.钻石展位图片发布规范

(1)淘宝钻展图片制作要求。

①尺寸大小要求。

钻石展位和直通车不同,其位置众多且尺寸各异。在钻展位置方面,仅投放大类就包括天猫首页、淘宝首页、淘宝旺旺、站外门户、站外社区、无线淘宝等,对应的钻展尺寸更是高达数十种,不同的钻展位置由于针对人群不同,其消费特征和兴趣点也各不同,不同尺寸的钻展位置给了我们不同的设计发挥空间。因此在制作钻展图片时,要根据位置、尺寸等信息调整广告诉求,并采取合适的表达方式,这就是钻展图片的个性化、定制化和差异化特征。钻展常见几个尺寸见表3.4.1。

表3.4.1

钻展位置	尺　寸	图片大小/kB
PC端首页焦点	520 px×280 px	不能超过80
手机淘宝首页焦点图	640 px×200 px	图片大小不能超过72
淘宝首页焦点右侧小图	170 px×200 px	图片大小不能超过26

②创意图片严禁出现拼接效果(拼接定义:不会让人误以为两个或多个banner)。

③严禁出现无设计感的边框。

④严禁使用高饱和度撞色文案或者背景色;背景色建议使用浅色底或渐变底纹。如果是深色底,要保证图片质感和色彩饱和度,符合积极向上的淘宝整体网站氛围。

⑤首页焦点图右下角存在轮播号,应避免被轮播号遮挡。

⑥淘宝首页以及各频道首页、天猫资源位、会员登录页,创意图片不得使用GIF跳帧、闪烁、Flash等动态效果,只能以静态平面图展示;其他位置如需闪动,帧率不能小于一秒,同一图片上闪动位置不能超两个。

⑦创意图片要求图文并茂,不能仅有文字或仅有图片。

⑧广告图片及文案必须高精度(含logo),清晰可读,无锯齿无噪点,排版合理,不凌乱不变形。

(2)淘宝钻展图片要素。

①拍摄要点:手稳、构图、不背光、忌焦距过远、要求图片清晰、方便后期处理。

②logo：制作淘宝钻展图片时，记得添加上店铺logo、名称信息。

③促销文案：以创意为主，或以促销价格为主。

④设计：注意色彩搭配、文字排版、整体布局。

3.钻石展位图片优秀案例

某纸尿裤钻石展位推广图如图3.4.13所示；阳澄湖大闸蟹的"618"推广图如图3.4.14所示；某热水器钻石展位推广图如图3.4.15所示。

图3.4.13

图3.4.14

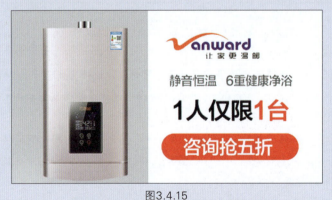

图3.4.15

活动目标

本活动为产品"air修正带"设计并制作PC端首焦钻展图，设计出有一定视觉效果和活动氛围的精美活动图，提高产品的点击率，让本产品能脱颖而出。

活动实施

设计步骤参考如下：

（1）打开Photoshop，新建文件宽520 px×高
280 px，并打开素材"项目3→3.4.2素材.jpg"文
件，放置在画布的左下角，效果如图3.4.16所示。

（2）制作背景。填充背景色（#c0efff），制
作放射性背景，效果如图3.4.17所示；利用画笔
工具，前景色设置为白色，绘制白云图案，效果
如图3.4.18所示。

图3.4.16

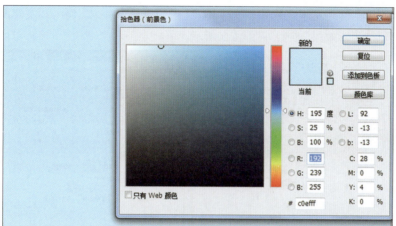

视觉设计
钻石展位图

图3.4.17

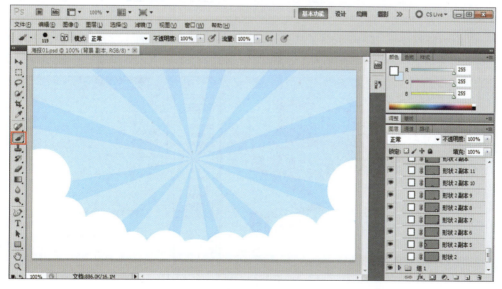

图3.4.18

（3）制作广告底图。利用钢笔工具，绘制如下图形并填充颜色#ed4f50、#f98586，效果如图
3.4.19所示。

图3.4.19

（4）添加文字信息。使用文字工具添加文字信息，选择合适的字体、字号和文字颜色，突出产品信息，文字添加阴影效果，参数如图3.4.20所示。

图3.4.20

（5）添加价格标签。使用文字工具输入产品价格，并给相关的文字进行描边，参数如图3.4.21所示；最后显示产品图片，调整其位置、大小。最终效果如图3.4.22所示。

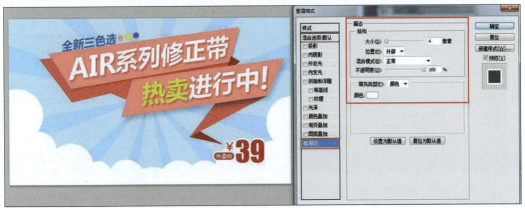

图3.4.21

图3.4.22

活动评价

设计评分见下表:

项 目	评分标准	分值/分	得分/分
内容设计	(1)PC端首页焦点图尺寸:520 px×280 px,图片大小不能超过80 kB。	10	
	(2)创意图片要求图文并茂,不能仅有文字或仅有图片。	20	
	(3)广告图片及文案必须高精度(含logo),清晰可读,无锯齿无噪点,排版合理,不凌乱不变形。	20	
	(4)logo:制作淘宝钻展图片时,记得添加上店铺logo、名称信息。	10	
	(5)促销文案:以创意为主,或以促销价格为主。	20	
	设计:注意色彩搭配、文字排版、整体布局。	20	
总 分			

活动拓展

为了迎接"618"年中大促活动,提高民族品牌竞争力,百雀羚旗舰店要打造店铺的爆款产品"百雀羚精华水",公司要通过参加钻石展位,提高产品的点击率和店铺的曝光率,投放PC端首页焦点图。请你为产品"百雀羚精华水"设计出有一定视觉效果和活动氛围的精美活动图,让本产品能脱颖而出。打开素材"项目3→3.4.2素材2.jpg"文件,如图3.4.23所示。

图3.4.23

项目 4
制作高质量的淘宝短视频

▢ 项目综述

近年来，淘宝的大部分商家开始逐渐通过一个1分钟以内的短视频来展示商品。通过淘宝官方的调查了解到，主图位置从图片展示换为视频展示后，详情页的停留时长有明显提升，视频比图片更能形象地展示商品，对整体成交转化也有明显提升。因此，对于商家来说，制作商品的短视频是非常有必要的。

乐乐包袋皮具公司的网销部团队开始筹备短视频制作的项目。在前期调研中，发现商家制作的优质短视频除了在自身网店展示外，还可以通过信息补充，投稿至公域渠道，获取更多公域免费流量。所以，美工团队开始认真筹划短视频的制作方案。

▢ 项目目标

通过本项目的学习，应达到的具体目标如下：

知识目标

◇熟知淘宝短视频基础的要求。

◇熟知淘宝短视频设计的内容要求。

◇了解手机拍摄短视频的相关知识。

能力目标

◇能够搭建一个简单实用的拍摄台。

◇能够根据商品的1~2个营销卖点撰写短视频脚本。

◇熟练掌握手机拍摄短视频的方法，并能够灵活运用。

◇能够运用视频剪辑工具完成短视频的后期制作。

◇熟练掌握淘宝短视频发布的操作步骤。

素质目标

◇熟知淘宝短视频制作的整个过程，树立岗位技能目标意识。

◇增强脚本撰写能力，增强合法营销意识。

◇培养认真细致的工作态度。

◇培养团队合作能力、沟通能力。

◇培养学生的职业素养，领悟工匠精神。

项目思维导图

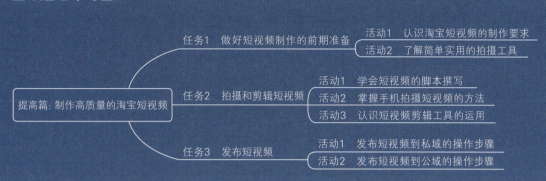

任务1
做好短视频制作的前期准备

情境设计

乐乐包袋皮具有限公司的领导们非常看好短视频所带来的效益，对短视频制作的质量非常重视，因此美工团队专门成立一个小分队负责短视频的制作。小可在学校的课程中曾学习过视频拍摄，并且对短视频拍摄非常感兴趣，因此主动申请加入小分队。公司要求小分队尽快做出一份方案，总结出淘宝平台主图视频拍摄的具体要求、摄影工具的要求，为接下来的主图视频拍摄和制作做好准备。

任务分解

从2021年开始，淘宝的短视频内容升级，从单纯商品展示的主图视频形式升级为内容化的主图视频形式，这样的转变更能迎合买家的体验感，更重要的是主图视频内容化升级后，商品购买转化率明显提升，买家页面停留时长也得到提升。本次任务主要分为两个活动内容：①认识淘宝短视频的制作要求；②了解简单实用的拍摄工具。

活动1　认识淘宝短视频的制作要求

活动背景

小可和团队的成员第一次尝试制作淘宝短视频，急需了解淘宝短视频内容升级后的设计要求，比如尺寸是多少？时长限制是多长？哪种短视频才能通过官方审核投放到公域渠道？接下来，我们跟小可一起来学习一下吧！

知识窗

在语雀知识库中,淘宝短视频是指在短时间内把商品的2~3个卖点通过视频的形式展示给买家看。一般情况下,外观设计型的商品视频内容主要是对商品的多角度展示,体现设计亮点;功能型商品通过使用演示、测评、效果对比来体现商品易用性和质量好。

1.短视频的基础要求(见表4.1.1)

表4.1.1

短视频的基础要求			
尺寸要求	3:4 1:1 16:9	支持格式	*.wmv;*.avi;*.mpg;*.mpeg;*.3gp;*.mov;*.mp4;*.flv;*.f4v;*.m4v;*.m2t;*.mts;*.rmvb;*.vob;*.mkv
时长限制	10~60 s	文件大小	支持140 MB以内的视频上传
视频清晰度	720 dpi及以上	其他要求	无水印、无二维码、无片头片尾、无外部网站及店铺logo

2.短视频的内容要求

如果商家的短视频被手机淘宝公域流量推荐,将在哇哦视频、猜你喜欢、主搜结果页、行业频道等位置获得额外的流量推广。视频内容要求如下:

①内容类型:咨询百科、生产工艺、开箱体验、产地溯源、线下探店、深度评测、开箱体验、技能教程等。

②拒绝的内容类型:电子相册、广告宣传片、纯360°商品展示等。

③不同的行业对应的主图视频内容类型也有所不同,具体见表4.1.2。

表4.1.2

行　业	内容类型
服装行业	搭配、讲解、评测、线下探店、街拍等
家居百货行业	开箱、教程、评测等
美妆行业	护肤评测、彩妆试色、技能教程等
3C数码行业	功能评测、开箱、讲解等
家电行业	功能展示、讲解、评测等
母婴	萌娃穿搭、好物种草、安装试玩等
食品	产地溯源、美食教程、开箱试吃等

活动目标

熟知淘宝短视频基础的要求和内容要求。

活动实施

(1)封面图提升技巧。在阿里巴巴平台知识库中可查阅到,淘宝短视频封面要求画面高清,主体居中美观,封面内容与视频内容强相关,不允许纯色图、白底商品图、商品平铺图、商品广告图、ps过度图。优秀案例和错误案例分别如图4.1.1和图4.1.2所示。

图4.1.1

图4.1.2

（2）标题提升技巧。一条会说话的标题能够快速吸引消费者点击观看短视频，从而带来更多的点击转化。在语雀知识库中查阅到提升标题的方法，具体有3个方法，见表4.1.3。

表4.1.3

方法一　通俗型：即直观、通俗精简、说清楚事情		
标题技巧	原标题	修改后标题
怎么做+得到的好处/解决的痛点	百搭推荐，不一样的西装裤	腿型不好裤子来遮，百搭西装裤来拯救
	流行穿搭，潮流整个冬季	奶奶裤+老爹鞋，才是新潮打开方式
方法二　场景型：即用具象画面/符号/数字代替效果描述		
标题技巧	原标题	修改后标题
具象生动的场景画面	旅游穿搭攻略	旅游这么穿，完美展现大长腿
××人名/具象符号	这个护肤技巧一定要学	×××推荐的护肤技巧，用完像换脸
×个技巧/tips+结果	挑选纸尿裤应该注意这几点	选纸尿裤6个守则，让您更放心
方法三　节奏型：即留悬念、对比，营造稀缺感		
标题技巧	原标题	修改后标题
为什么、凭什么、改造后怎么样、什么原来是什么	如何用3D打印做小草帽	小草帽戴起来，竟然是3D打印出来的！
数字/反义词对比+达到某种效果	揭秘晾晒架的真实用途	一个晾晒架顶一个阳台，值了！
剩余时间+做什么事	"双12"快结束赶紧买买买	最后1小时！不买再等一年！

（3）视频内容类型技巧。不同的行业视频拍摄内容都有所不同，服装行业的拍摄内容类型较为广泛，接下来以服装行业为例进行视频内容类型介绍，具体见表4.1.4。

表4.1.4

内容类型	拍摄内容
搭配攻略	开头尽快搭配展示，每套展示不宜太长；搭配节奏强烈的背景音乐，并在音乐节奏点进行切换变装
时尚街拍	模特颜值要高；通过场景、背景音乐，模特表现力衬托好看的穿搭，满足用户对美好生活的向往；街头户外真实生活场景的拍摄，不建议摆拍和过多商品细节镜头的拍摄
对比改造	有明显的前后对比反差，讲解表达身材痛点和解决痛点的搭配方案，适合大码显瘦、小个子显高等身材问题的主题展现；搭配有节奏的音乐，并在重音点变装，达到前后对比的效果

续表

内容类型	拍摄内容
线下探店	有真实的试穿体验,上身后对面料、细节、版型、搭配等的真实评价;开头不拖沓,无须拍逛和挑选的场景;可采用导购员视角的试穿、工作室的探访、样衣采买记录等方式试穿;用好看的综艺感的花字提升内容趣味性
技能教程	视频结构为:开头提出问题→搭配或真人试穿展示→总结问题的解决方式;快节奏,讲解不拖沓,后期适当1.5~2倍速
深度评测	重在真实体验的分享,即商品到手后,面料、细节、功能、试穿感受的真实体验,不出现广告
单品视频	三种方法:单品解说、单品多色展示、全身展示;单品的搭配细节讲解,可使用直播切片的再剪辑,但拒绝直接的直播切片,结合字幕表达重点
情景剧场	对话互动型:结合情景对话表现穿搭;小剧场型:情景剧植入穿搭;背景对话型:背景语音的情景对话植入穿搭

活动评价

通过本活动的学习,小可掌握了淘宝短视频的制作要求,知道短视频尺寸符合3:4或1:1或16:9,时长能控制在60 s内,短视频封面画面高清,主体居中美观,封面内容与视频相关,标题符合通俗型、场景性、节奏型的撰写方法,内容类型能合理根据行业类型选取。

活动拓展

请分析以下短视频的标题撰写是否合理? 该短视频内容运用了哪种内容类型? 标题:"3招花式跳绳,在家也能减脂塑形"。

活动2　了解简单实用的拍摄工具

活动背景

小可和团队的成员在活动1中对淘宝短视频的制作要求有了解后,开始着手配备拍摄的工具。如何能低成本搭建一个简单实用的拍摄台? 除了专业摄像机外,能使用手机拍摄短视频吗? 手机配置需要哪些要求? 接下来,我们跟小可一起来学习吧!

🗐 知识窗

目前,常规的视频拍摄工具有手机、单反、摄像机、稳定器、支架、微型滑轨、背景布和灯光设备。其中,摄像机、单反是专业的视频制作工具,画质高清,但是成本较高,且需要懂得一些专业的摄像知识。

因此，对于入门级别的短视频拍摄商家，可以使用手机来拍摄。手机的体积小巧，便于携带，操作简单易上手。注意：淘宝短视频的清晰度要达到720 dpi以上，拍摄前需要检查手机录像是否达到要求。检查方法很简单，以华为手机为例，"打开相机→点击设置→视频分辨率"，即可查看，如图4.1.3所示。

一般情况下，录像设置清晰度为1 080 dpi，帧数为30 fps进行拍摄。如果手机储存容量足够大，也可以采用更高清的4 K级别进行拍摄。1 080 dpi和4 K的区别可查看配套资源视频4.1.30；30 fps和60 fps的区别可查看配套资源视频4.1.29。

1 080 dpi 和 4 K 的区别

30 fps 和 60 fps 区别

图4.1.3

活动目标

能够搭建一个简单实用的拍摄台。

活动实施

拍摄台搭建讲解请查看配套资源视频4.1.30。

拍摄台搭建和拍摄工具的使用

1.拍摄台准备

一般情况下，拍摄小物品需要准备一张长1 m，宽0.8 m的桌子作为拍摄台，该拍摄台用于拍摄商品，摆放灯光设备和布景时用。

2.背景布置

对于数码商品、家具用品、厨具用品、玩具、女包、饰品等小型静物类商品的视频拍摄，背景的布置非常重要，一般需要准备白色背景纸或布。其中，背景布比较厚，打光的时候不容易受到干扰，且不易出现折痕。背景纸比较薄，适用于需要营造背光效果的拍摄，因此根据实际需求购买合适的背景材料。

3.灯光准备

在拍摄台中进行拍摄时，需要借助补光灯给画面补光，能使画面效果更明亮。对初学者来说，可以采用具有多档调节且防闪屏的便携式LED台灯来作为补光灯。对有一定拍摄经验的商家,建议购买性价比较高的补光灯。

4.微型滑轨准备

为了防止拍摄过程中画面的抖动,可以利用微型滑轨和液压云台来保证镜头移动的稳定性。微信滑轨和液压云台的使用请查看配套资源视频4.1.30。

活动评价

通过本活动的学习,小可了解了720 P、1 080 P、4 K的清晰度区别、30 fps和60 fps的区别,懂得设置手机录制视频,学会搭建简易拍摄台。

活动拓展

以小组为单位,通过以上所学和配套资源视频4.1.30的讲解,尝试搭建一个拍摄台,并思考:如果没有合适的白色背景布或背景纸,还可以采用哪些工具来代替完成拍摄台的搭建呢?

>>>>>>> 任务2
拍摄和剪辑短视频

情境设计

手淘搜索页增加了新的图标,在输入一个关键词后,搜索页面的分类方式选择中多了一个"经验"的图标。在"经验"分类下,大部分以短视频展示为主,用户可以上下滑动浏览视频。对于商家来说,在手淘主搜上开启了短视频后,意味着店铺中所有积累的短视频都有了上主搜的展示机会。通过任务1的内容学习后,小可的团队成员对淘宝短视频的拍摄要求有了具体的认识。因此,接下来小可团队尝试制作淘宝短视频。

任务分解

要制作一个短视频,首先需要挖掘商品的1~2个卖点,并根据该卖点进行脚本撰写,然后才能根据脚本要求的内容进行拍摄,最后进行视频剪辑。本次任务主要分为3个活动内容:①学会短视频的脚本撰写;②掌握手机拍摄短视频的方法;③认识短视频剪辑工具的运用。

活动1　学会短视频的脚本撰写

活动背景

小可和团队的成员了解到要拍摄一个优秀的短视频,首先要从撰写视频脚本开始,因此小可团队急需了解脚本撰写有哪些步骤?视频脚本内容包括哪些?视频脚本如何撰写?接下来,我们跟小可一起来学习吧!

⊟ 知识窗

脚本就是拍摄视频的依据。一切参与视频拍摄、剪辑的人员,包括摄影师、演员、服化道准备、剪辑师等,他们的一切行为和动作都是服从于脚本的。

1.脚本的作用

对于淘宝短视频来说,脚本主要的作用有以下两个:

(1)提高视频拍摄效率。

脚本是短视频的拍摄提纲、框架,能给后续的拍摄、剪辑、道具准备等做了一个流程指导。因此,团队成员能通过脚本快速清思路,提高拍摄效率。

(2)提高视频拍摄质量。

手淘的短视频时长不超过60 s,要让视频带来高流量和高转化率,必须要在拍摄前利用好脚本,精心设计每一秒里出现的细节,包括景别、场景布置、演员服化道准备、台词设计、表情、音乐、剪辑效果等。

2.脚本的6个要素

(1)景别。

镜头分为远景、全景、中景、近景、特写,如图4.2.1所示。

远景就是把商品或人物和环境拍摄在画面里面,常用来展示事件发生的时间、环境、规模和气氛。

全景就是比远景更近一点,把商品或人物完整地展示在画面里面,用来表现商品整体外观或人物的全身动作。

中景就是比全景更近一点,能拍摄到商品多个细节或拍摄人物膝盖至头顶的部分,能放大商品的细节,看清人物的表情和显示人物的形体动作。

近景也就是拍摄商品的某一个细节或人物胸部以上至头部的部位,非常有利于突出商品卖点,也能表现人物的面部表情、神态和细微动作。

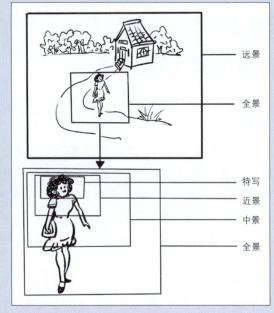

图4.2.1

特写就是拍摄商品材质时使用,或者拍摄人物的眼睛、鼻子、嘴、手指、脚趾等细节时使用。

(2)内容。

把想要表达的内容通过各种场景方式进行呈现。具体来讲就是拆分剧本,把内容拆分在每一个镜头里面。

(3)字幕。

通过文字的方式表达商品卖点。60 s的商品主图视频,字幕内容尽量不超过180字,否则潜在买家来不及看完,反而有一种疲惫的感觉。

（4）时长。

单个镜头的时长。提前标注清楚，方便在后期剪辑时，找到重点，增加剪辑的工作效率。

（5）运镜。

镜头的运动方式，推镜头、拉镜头、摇镜头、移镜头、跟镜头等，运镜技巧将会在任务2中详细讲解。

（6）道具。

道具起到画龙点睛的作用，应根据所拍摄的视频风格、商品特点合理选择即可。

活动目标

能够根据商品的1~2个营销卖点撰写短视频脚本。

活动实施

1.确定短视频拍摄的目的

首先要明确短视频拍摄目的，一般分为以引流为目的的主图视频、以获取粉丝为目的的微淘视频、以店铺活动宣传为目的的店铺首页视频、以讲解商品工艺为目的的详情页视频等。

接下来以农产品铁观音茶叶作为拍摄商品。明确目的是给铁观音茶叶制作一个主图视频，展示商品的卖点，分别如下：

①卖点1：茶叶的内包装袋严密真空，外包装盒子高档；

②卖点2：茶叶颗粒饱满，色泽鲜亮。

2.确定拍摄的内容类型

明确拍摄的目的是拍摄主图视频的卖点，接下来需要确定拍摄的内容类型，比如商品展示，咨询百科、生产工艺、开箱体验、产地溯源、线下探店、深度评测、开箱体验、技能教程等。本次的铁观音茶叶主图视频采用商品展示的类型。

3.撰写拍摄脚本

确定短视频拍摄目的和拍摄内容类型后，就可以开始制作视频脚本，见表4.2.1。此外，视频样片请查看参考配套资源视频4.2.1。

视频样片

表4.2.1

一、短视频目的				二、短视频内容类型	
制作一个主图视频，展示商品的卖点				商品展示	
三、视频脚本					
时长	景别	运镜	画面内容	字幕	备注
3 s	全景	从上往下垂直移镜头	展示内包装严密真空：茶叶内包装袋带整齐摆放在铁盒子里	香浓型铁观音	准备一盆植物作为前景
5 s	近景	从左到右移镜头	展示外包装的高档：红色铁盒子并排放置（手机镜头与商品呈45°）	精致包装；采用传统技法炒制	
5 s	近景	从左到右移镜头	展示外包装的高档：红色铁盒子并排放置（手机镜头与商品成水平线）	滋味浓韵味强	

续表

时长	景别	运镜	画面内容	字幕	备注
3 s	近景	从下往上垂直移镜头	展示内外包装：把3盒茶叶按"品"字型摆放，其中最上面一盒打开盖子，呈现内包装袋	口感佳 回味久	
5 s	特写	推镜头	展示茶叶颗粒饱满，色泽鲜亮：前景是一个装着茶叶的木质茶盘，背景放置一个茶叶盒子	颗粒饱满 色泽鲜亮	准备一个小型木质茶盘
5 s	特写	固定镜头	展示茶叶颗粒饱满，色泽鲜亮：前景为一个装着茶叶的木碟子，背景放置一个茶叶盒子。开机拍摄后，从镜头上方落下一些茶叶	颗粒饱满 色泽鲜亮	后期制作时设置慢动作播放
4 s	特写 + 近景	拉镜头	结束：放置一个茶叶盒子在画面中间，然后通过从近到远拉动镜头，拍摄外观	匠心工艺 品质典范	

活动评价

通过本活动的学习，小可基本学会了脚本的设计，能根据店铺需求确定短视频拍摄的目的和商品特点合理选择拍摄的内容类型，并设计画面内容，包括景别、运镜、时长、字幕等。

活动拓展

在生活中，我们身边有各种文具用品、日用品、小电器，请以小组的形式组队，挑选一件商品，并根据以上的脚本撰写步骤，完成一份完整的脚本。

活动2　掌握手机拍摄短视频的方法

活动背景

小可和团队的成员经过活动1的内容学习后，完成了脚本的撰写，接下来小可和团队成员要着手根据脚本进行拍摄，因此小可团队需了解手机拍摄短视频的操作技巧，画面构图的方法，我们跟小可一起来学习一下吧！

📖 **知识窗**

1.构图方法

拍摄短视频的构图方法有很多种，接下来介绍4种常用的构图方法。

（1）三分法构图。

三分法构图也被称为九宫格构图，即两横两竖将画面均分，拍摄时将主体放置在线条4个交点上，或者放置在线条上。操作简单，表现鲜明，画面简练，应用广泛，一般手机都直接配备有三分法构图辅助线。如图4.2.2所示。

图4.2.2　　　　　　　　　　　　图4.2.3

（2）对称式构图。

对称构图有上下对称、左右对称、斜角对称等，将整个画面按某个标准，形成一种对称的画面美感，具有稳定平衡的特点，如图4.2.3所示（对应的视频请查看参考配套资源视频4.2.2）。

对称构图案例

（3）三角形构图。

三角形布局根据的是三点构成一个面的原理。三角形的布局可以让人感觉稳定，也可以增加画面的"动态张力"，如图4.2.4所示（对应的视频请查看参考配套资源视频4.2.3）。

三角形构图案例

（4）色块对比构图。

色块对比构图是按照心理学原则，将暗调中的亮块、亮调中的暗块，色块对比强烈的色块等作为画面的构图中心，引起买家对商品的注意，如图4.2.5所示（对应的视频请查看参考配套资源视频4.2.4）。

色块构图案例

图4.2.4　　　　　　　　　　　　图4.2.5

2.拍摄角度

拍摄角度是指拍摄时手机与拍摄主体的位置关系。从拍摄位置来说，包括仰视拍摄、平视拍摄、俯视拍摄三种。

（1）仰视拍摄。

仰视拍摄是指手机所在位置低于拍摄主体，从下往上仰视拍摄。在该角度拍摄的视频，本身就有着仰视带来的视觉压力感。采用仰视角度拍摄时，可以让人感觉主体更加修长。

（2）平视拍摄。

平视拍摄是指手机与拍摄主体处在同一水平线上，以平视的角度拍摄。这种拍摄角度更接近人们的视觉习惯。采用平视角度拍摄时，可以使主体更显平易近人，接近生活（请查看参考配套资源视频4.2.5）。

平视拍摄
案例

（3）俯视拍摄。

俯视拍摄是指手机所在位置高于拍摄主体，从上往下俯视拍摄。拍摄人物时，俯视角度拍摄可以使人脸部变得娇小，产生瓜子脸效果。拍摄短视频时，特别是需要通过视频展示操作方法的商品，俯视角度能让人有身临现场操作的感觉，画面更能吸引买家（请查看参考配套资源视频4.2.6）。

俯视拍摄案例

活动目标

熟练掌握手机拍摄短视频的方法，并能够灵活运用。

活动实施

根据任务2的活动1所写的脚本，接下来讲解具体的手机拍摄操作（手机拍摄的视频讲解请查看参考配套资源视频4.2.9）。

手机拍摄
短视频方法

1.准备好道具

道具包括白色背景纸、两个补光灯、一个木质茶盘、一盆绿植以及一部具备高清拍摄的手机，手机内存确保有足够容量拍摄素材。

2.采用横屏拍摄

拍摄视频时采用横屏拍摄，其好处是横屏拍摄后可以通过后期剪辑调整视频尺寸运用于不同的视频投放需求中，比如横屏拍摄后可以调整为16:9，1:1，3:4，9:16等尺寸，如图4.2.6所示。如果拍摄时采用竖屏拍摄，后期就难以剪辑成横屏。

图4.2.6

3.锁定对焦和曝光

拍摄前，需要锁定画面的对焦和曝光。比如以华为手机为例，打开找到需要对焦的位置长按手机屏幕几秒，手机便会自动出现"曝光和对焦已锁定"的提示即证明锁定成功，如图4.2.7所示。如果不进行对焦和曝光锁定的步骤，拍摄时运动画面会出现忽明忽暗的效果。

图4.2.7

4.防抖动处理

手持手机拍摄短视频时，需要保持运动画面平稳，防止抖动。拍摄时，可以借助手持稳定器或微型滑轨很好地控制镜头运动时产生的抖动，图4.2.8采用了微型滑轨。

图4.2.8

5.适当采用前景装饰

拍摄时可以尝试采用一些道具作为前景装饰，但需要注意的是拍摄时，要固定手机对焦点是在商品上，前景装饰品要虚化，这样操作不但可以突出主体商品，还可以让画面体现出景深和层次感。

6.运镜方式

常用的镜头的运动方式有推镜头、拉镜头、摇镜头、移镜头、跟镜头等。

• 推镜头：主体与镜头逐渐靠近，使被拍摄主体由小变大，周围环境由大变小。

• 拉镜头：主体与镜头逐渐疏远，使被拍摄主体由大变小，周围环境由小变大。

• 摇镜头：摄像机机位不动，借助于三角架上的活动底盘或拍摄者自身的人体，变动摄像机光学镜头轴线的拍摄方法。

• 移镜头：相对水平或垂直平面移动镜头。

• 跟镜头：镜头的目标始终跟随着一个运动的主题，为了防止画面抖动，可以借助手持稳定器来跟拍。

活动评价

通过本活动的学习，小可掌握了拍摄的方法，理解横屏拍摄的重要性，懂得锁定手机拍摄的对焦和曝光，拍摄时能保持手机平稳，画面无抖动，能借助道具装饰画面，体现画面层次感，能合理使用运镜方式，拍摄各类素材画面。

活动拓展

请根据以上所学的手机拍摄方法，结合任务2活动1中"活动拓展"所写的脚本内容，以小组的形式完成一个60 s以内的商品短视频拍摄。

活动3 认识短视频剪辑工具的运用

活动背景

小可和团队的成员经过活动1和活动2的内容学习后，完成了脚本的撰写和视频的素材拍摄，接下来小可和团队成员要着手剪辑视频。因此，小可团队需了解剪辑视频需要运用哪些工具？剪辑视频有哪些步骤？接下来，我们跟小可一起来学习一下吧！

📖 **知识窗**

> 视频剪辑需要借助剪辑工具来处理视频，市面上视频剪辑的软件非常多，如Premiere、会声会影、Edius、Camtasia studio、爱剪辑、快剪辑，喵影工厂、剪映、小影、VUE、Videoleap、InShot等。

活动目标

能够运用视频剪辑工具完成短视频的后期制作。

活动实施

剪辑工具的
运用

根据任务2的活动2所拍摄的视频素材，接下来以 "剪映"作为视频剪辑工具进行讲解（视频剪辑的讲解请查看参考配套资源视频4.2.7）。

第1步：删减多余的视频素材。

手机端打开剪映App，点击"开始创作"，导入需要编辑的视频素材，剪出符合脚本要求的主题画面，并删除多余的部分，确保所有视频内容和脚本画面内容顺序相符合。除了删除多余的视频部分外，可以利用变速、倒放、拉大画面等功能调整视频内容。

第2步：调色。

拍摄时，手机会因为场景光线的变换导致商品的色调与实际商品颜色有些不同，所以可通过后期剪辑工具的调色功能，使画面尽量能达到商品实物的色调。点击剪映App的"调节"菜单，通过亮度、对比度、色温、高光等调整画面色调，如图4.2.9所示，尽量让画面茶叶盒子颜色与实物颜色接近。

第3步：添加背景音乐或配音。

根据脚本的主题，确定视频的音乐基调，添加音乐时，注意调整音乐的节奏点，让音乐的节奏点能配合画面内容进行展示。此外，视频的开头和结尾部分音乐需要做淡入和淡出处理，如图4.2.10所示。如果视频内容需要添加配音，声音要柔美，录制时不能有杂音；配音内容精练,不建议添加纯电视购物类的广告内容;语速不宜过快。

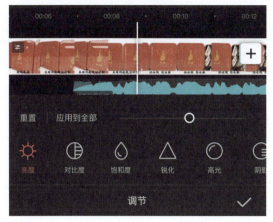

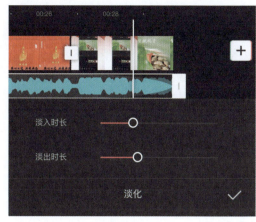

图4.2.9　　　　　　　　　　　　　　　　　　　图4.2.10

第4步:设置转场。

可以根据画面要求和视觉审美添加合适的转场效果。剪映App中提供了5种转场效果,包括基础转场、运镜转场、幻灯片、特效转场和遮罩转场,如图4.2.11所示。

第5步:添加字幕。

添加的字幕内容要符合广告法规定,不出现违禁词语。没有配音的情况下,可以在重要的画面内容中添加商品卖点的文字,让买家能边看图边了解商品,但并不要求每个画面都需要添加文字;有配音的情况下,配音出现的时候都需要添加字幕。添加字幕画面如图4.2.12所示。

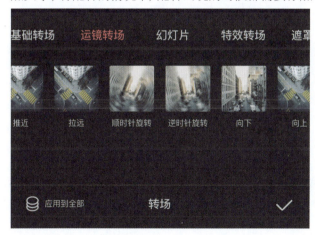

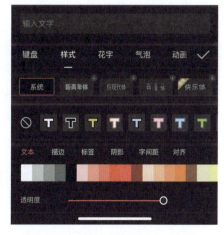

图4.2.11　　　　　　　　　　　　　　　　　　　图4.2.12

第6步:结尾处理。

在结尾部分,建议添加1 s的白色帧或黑色帧,让视频播放结束时不会有断裂感。

第7步:输出短视频。

剪映工具提供两种视频分辨率的输出,分辨是720 P和1 080 P。此外,输出前先检查视频尺寸是否正确,点击剪映App中“比例”菜单可看到9个视频尺寸供选择,其中淘宝平台短视频最常用的比例有1:1、16:9、3:4,选择合适的尺寸后点击“导出”即可输出视频。

活动评价

通过本活动的学习,小可能运用视频剪辑工具编辑视频,包括脚本内容删减;调色功能,使画面尽量能达到商品实物的色调;音乐的节奏点能配合画面内容进行展示;懂得视频的开头和结尾部分音乐作淡入和淡出处理;添加合适的转场效果;添加的字幕要符合广告法规定,不出现违禁词语。

活动拓展

请根据以上所学的视频剪辑步骤,结合任务2活动2中所拍摄的视频素材,以小组的形式完成一个60 s以内的商品短视频样片。

任务3
发布短视频

情境设计

乐乐包袋皮具有限公司的领导们对小可团队所拍摄的短视频表示认可,并让他们尽快了解短视频发布的流程,把短视频发布到淘宝平台上,一来把短视频发布到店铺中进行展示,二来希望所制作的短视频能通过淘宝短视频发布的审核,被推送到公域展示,获取更多的自然流量。

任务分解

从2019年9月中旬起,淘宝官方对短视频发布功能进行升级,商家和达人两个角色都可以发布短视频,升级后的短视频发布更加方便和高效,单条视频发布审核通过后,即可同时应用到哇哦视频、猜你喜欢、微淘、有好货等公域渠道,无需多次投稿。本次任务主要分为两个活动内容:①发布短视频到私域的操作步骤;②发布短视频到公域的操作步骤。

活动1　发布短视频到私域的操作步骤

活动背景

通过任务2的学习,小可和团队的成员完成了短视频的制作,接下来小可需要把短视频发布到商品主图视频位置和店铺的首页。因此,小可急需了解主图视频发布的入口在哪里?店铺首页如何添加短视频?实拍视频如何设置?发布时需要注意哪些问题?接下来,我们跟小可一起来学习吧!

🖾 知识窗

淘宝平台中,商家短视频私域场景主要包括主图视频、详情页、实拍视频、购后视频和首页、促销页视频等(请查看参考配套资源视频4.3.1—4.3.4)。

主图视频　　详情页视频

　　其中，实拍视频是商家私域视频导购内容的聚合地。商家可在此聚合所有的店铺视频，如商家自己生产的知识类或体验类视频，或采买的达人视频内容，或是精心挑选过的买家秀视频，甚至可以将商品视频根据话题场景聚合在此，在配套资源视频4.3.3有详细展示。

实拍视频　　购后视频

活动目标

熟练掌握淘宝短视频发布的操作步骤。

活动实施

设计步骤参考如下：

主图添加
短视频方法

1.主图发布短视频（操作步骤可查看参考配套资源视频4.3.5）

（1）进入"卖家中心后台"，从左侧竖行菜单中点击"出售中的商品"→"编辑商品"，如图4.3.1所示。

图4.3.1

　　（2）进入商品编辑页面，找到"图文描述"部分，即可看到主图视频上传入口，点击"选择视频"，选好需要发布的视频后点击"确定"按钮，即可进入"视频分段标签"页面，点击"增加标签"进行设置，如图4.3.2所示。最后点击"完成"按钮。

图4.3.2

首页添加
短视频方法

2.店铺首页添加短视频（操作步骤可查看参考配套资源视频4.3.6）

（1）打开淘宝旺铺的"店铺装修"页面，左侧导航栏找到"页面"→"手淘首页"，选择需要插入短视频的页面点击"装修页面"，如图4.3.3所示。

图4.3.3

（2）在"图文类"中找到"镇店必买"模块，拖动"镇店必买"到适宜的页面位置上，并且点击"添加视频"，如图4.3.4所示。

图4.3.4

（3）添加视频以后，点击"保存"按钮；确认上传成功后，最后需要点击右上角的"保存"按钮，再点击"立即发布"按钮，如图4.3.4所示。

3.开通实拍视频（操作步骤可查看参考配套资源视频4.3.7）

（1）登录淘宝旺铺，点击"店铺装修"→"手机端"→"视频"入口。系统提供消费者端展现开关，开启客户端展示开关，最后点击"装修页面"按钮，如图4.3.5所示。

开通实拍
视频

图4.3.5

（2）找到"视频类"，根据店铺要求拖动所需要添加的视频类型到中间的编辑框，最后添加视频和填写相关参数，点击"保存"按钮，如图4.3.6所示。

图4.3.6

（3）最后需要点击右上角的"保存"按钮，再点击"立即发布"按钮，即可完成操作。

活动评价

通过本活动的学习，小可掌握了短视频私域的发布方法，能独立完成主图视频发布的操作，店铺首页或促销页短视频操作，实拍视频的开通和上传操作。

活动拓展

请根据以上所学的三种私域渠道展示的操作步骤，独立完成主图视频发布、店铺首页视频发布、实拍视频发布的操作内容。

活动2　发布短视频到公域的操作步骤

活动背景

通过任务2的学习，小可和团队的成员成功完成了私域渠道的短视频发布，接下来小可和团队想尝试把视频投放到公域渠道，为店铺带来更多的自然流量。因此，小可急需了解公域渠道有哪些？投放入口在哪里？投放时需要注意哪些问题？接下来，我们跟小可一起来学习吧！

☐ 知识窗

淘宝平台中，商家短视频公域渠道主要包括哇哦视频、主搜、猜你喜欢、有好货等（请查看参考配套资源视频4.3.8—4.3.11）。

商家在投稿到公域渠道前，需要做好以下注意事项：

①一张清晰美观有吸引力的封面图，主体居中，能抓住用户眼球；

②一个有吸引力的标题，能吸引用户点击观看；

③发布视频的时候，勾选同步微淘，公私域联动带动活跃度；

④发布视频的时候，添加互动权益，具体有倒计时宝箱、答题互动、关注赢福利。

哇哦视频　　　主搜

猜你喜欢　　　有好货

活动目标

熟练掌握淘宝短视频发布的操作步骤。

活动实施

设计步骤参考：（操作步骤可查看参考配套资源视频4.3.12）

（1）打开阿里创作平台（we.taobao.com），点击左侧栏"淘宝短视频"→"视频发布"，如图4.3.7所示。

公域渠道
投放操作

图4.3.7

（2）进入短视频投稿页面，选择要发布的视频领域和视频类型。点击"选择该类型"进入上传页面。如图4.3.8所示。

（3）完成视频上传后，进入视频编辑画面，添加商品和添加互动权益。

添加商品有两种方式，分别是普通商品和成套商品（展示效果请参考配套资源视频4.3.13和视频4.3.14）。

普通商品：可以添加1~6款商品，插入商品成功后，通过拖动最下方的进度条组件或直接在右侧输入时间，配置商品弹出时间及持续时间。建议商品弹出时间保持5 s以上，如有多个商品，请继续添加即可。

成套搭配：可以添加1~3套搭配商品，每套搭配为2~3款商品。竖版视频，商品呈现会在视频画面的右侧，拍摄时需要注意模特要靠镜头左侧，以免遮挡到模特。

普通商品
添加效果

成套商品
添加效果

互动权益
添加效果

互动权益包括倒计时宝箱、答题互动和关注赢福利,如图4.3.9所示。设置完成后,点击"下一步,去发布"按钮(展示效果请参考配套资源视频4.3.15)。

图4.3.8

图4.3.9

(4)发布前,需要给短视频设置标题与封面。标题和封面的技巧请参考任务1活动1的知识内容。要记得点击左下角的"选中可推至微淘"后,再点击发布。

(5)发布成功后,回到阿里创作平台,从左侧菜单中找到"淘宝短视频"→"我的视频"可以查看视频ID和视频进入公域推荐的采纳状态。

活动评价

通过本活动的学习,小可掌握了公域发布操作,能独立找到视频发布入口,正确选择短视频投稿页面中的视频领域和视频类型。独立完成视频编辑画面中添加商品和添加互动权益的设置,完成短视频标题撰写和封面尺寸的设置,并且知道视频审核结果如何查询。

活动拓展

除了以商家身份可以登录阿里创作平台,还可以注册达人账号登录阿里创作平台。请根据以上所学的内容,尝试独立完成一个短视频的公域投放,如果显示审核不通过,尝试根据审核要求修改视频再次投放。

实战篇

项目 5
提高淘宝 C 店装修的视觉效果

▢ 项目综述

网店装修是店铺的灵魂，只有考虑全面的精心设计才能打动消费者，增加消费者在页面的停留时间，提高购买率。一个装修得体、大方、有吸引力的店铺，它的销量自然而然要比普通的店铺更高。装修好的店铺还可以提高店铺的品牌知名度，潜移默化地传递店铺文化、理念等信息，给顾客留下深刻的印象，从而产生心理上的认同感，让自己的店铺区别于其他竞争对手。

乐乐包袋皮具公司的网销部团队开始开设淘宝C店，在前期调研中，发现了成千上万的同类卖家店铺，要想在同类卖家中脱颖而出，网店的整体视觉效果要吸睛，所以，美工团队要合理策划和设计装修网店。根据之前培训学习的工作流程，美工队摩拳擦掌，开始逐一加工和制作网店装修素材，欲打造一个有视觉冲击力的淘宝C店。

▢ 项目目标

通过本项目的学习，应达到的具体目标如下：

知识目标

◇确定店铺首页的风格定位和配色方案。

◇知道网店首页的常规布局结构方法。

◇熟知淘宝后台相关模块设计尺寸大小。

能力目标

◇能够设计店铺首页的框架。

◇熟练制作网店的店招，并达到一定的视觉设计效果。

◇熟练制作店铺的促销广告，并达到一定的视觉设计效果。

◇能够设计与制作商品陈列区。

◇能够设计与制作商品详情页，有视觉效果。

◇能够设计与制作客服、店铺收藏与页尾。

素质目标

◇熟知网店美工岗位的日常工作内容，树立岗位责任意识。

◇增强文字书写表达能力，增强审美意识。

◇培养认真细致的工作态度。

◇提高团队合作能力、沟通能力。

□ 项目思维导图

实战篇：提高淘宝C店装修的视觉效果

任务1　整体打造店铺首页视觉效果
- 活动1　定位店铺首页的风格和确定配色方案
- 活动2　设计店铺首页的框架

任务2　设计网店首页各个元素
- 活动1　设计与制作网店的店招
- 活动2　设计与制作店铺的促销广告
- 活动3　设计与制作商品陈列区
- 活动4　设计与制作商品详情页
- 活动5　设计与制作客服、店铺收藏与页尾

任务1
整体打造店铺首页视觉效果

情境设计

淘宝店铺首页装修的前期需要做许多相关的准备，其中网店风格定位是重中之重，只有对网店进行准确的定位才能使淘宝店铺装修效果突出，层次分明，也才能在日后使店铺获得更多的销量。小可要先根据公司产品特点、品牌个性和目标人群的特点进行网店风格定位，包括店铺首页的风格定位、配色方案和店铺首页的框架。乐乐包袋皮具公司提供给我们的箱包素材图片，如图5.1.1所示。

图5.1.1

任务分解

网店整体视觉效果取决于风格定位，包括色彩风格定位和功能定位，色彩风格定位即首页的配色方案，功能定位主要通过店铺首页的框架布局来实现，所以本任务主要分为两个活动：①定位店铺首页的风格和确定配色方案；②设计店铺首页的框架。

活动1 定位店铺首页的风格和确定配色方案

活动背景

店铺的风格定位体现着店铺的格调,体现了店铺的品牌文化及形象。在视觉设计中,色彩是视觉的基础,所以,淘宝店铺色彩风格的定位是店铺视觉营销最基础、最重要的部分。该选择哪种风格来装饰店铺,如何确定网店首页的配色方案?公司美工团队一起来研究确定方案,我们跟着小可一起学习吧!

📖 知识窗

店铺的风格主要由店铺的产品特点、品牌个性、目标消费人群审美观、季节等因素所决定。选定一种风格,是设计的前提。网店色彩的搭配要符合整个店铺主题,不要盲目乱搭配。优秀的页面视觉设计,一定有自己的主色调,辅助一些搭配的颜色,这样整体效果才会更好。

1.店铺的风格

店铺的风格可以有充满华贵气质的复古风格,有简洁大方的简约风格,更有清新唯美风格,还有着自由奔放的欧美风格,中国风等,还可以根据季节、节日活动等因素对店铺首页风格进行定位。

(1)文艺复古风。如果店铺风格走的是文艺青年的范儿,那就抓住文青的特质,小众一点,小资一点,多分享一些生活感悟,装修色调上忌用亮彩色,多用素色。案例如图5.1.2所示。

图5.1.2

(2)清新唯美风格。多采用清新蓝、绿色系配色,清新动人,几何拼接形式,极具设计感,春影动人,夏日清凉的感觉,案例如图5.1.3所示。

图5.1.3

（3）中国风。以中国红为主色调，在设计中加入中国元素，例如：祥云，字体艺术设计为毛笔字，再搭配旗袍的全屏广告，案例如图5.1.4所示。

（4）节日氛围。根据不同的节日主题活动，设计网店首页风格，营造节日氛围，案例如图5.1.5所示。

图5.1.4　　　　　　　　　　　　　　　　图5.1.5

2.店铺配色方案

店铺风格色彩的定位，是做好视觉营销的基础。如何确定店铺的配色方案呢？

第1步：确定店铺品牌主色调。店铺的主色调主要根据产品的特点以及目标消费人群的喜好进行选择。

第2步：店铺的主色调确定后，需要合理搭配辅助色彩。辅助颜色可以是主色调的对比色、同类色，只需要起到辅助作用，注意不要喧宾夺主，同时也可以将品牌的一些辅助图形用到设计里面。

第3步：遇到重大节日，可以适当修改店铺内的色彩，营造节日促销氛围。

活动目标

根据乐乐包袋皮具公司的产品特点、品牌个性和目标消费人群的喜好，确定公司网店风格和首页配色方案。

活动实施

设计步骤参考如下：

（1）确定店铺风格。乐乐包袋皮具公司的产品大部分是色彩明艳的时尚箱包，目标客户是18~35岁的女性人群，色彩明快，青春活力。

（2）设定配色方案：为了提升店铺的夏日活力视觉效果，本案例使用对比色配色方案，可以有效加强整体配色的对比度，拉开距离感，而且能表现出特殊的视觉对比与平衡效果，让作品令人感觉活泼、充满了生命力。

（3）打开配色软件ColorSchemer Studio，并将 "项目5→5.1.1素材1.jpg" 文件导入软件中获取产品颜色，如图5.1.6所示。

（4）确定产品颜色，如图5.1.7所示。

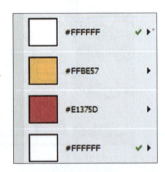

图5.1.6   图5.1.7

（5）选取产品的对比色。设置基色为 #E1375D，选择"实时配色"方案。得到对比色配色方案如图5.1.8所示。

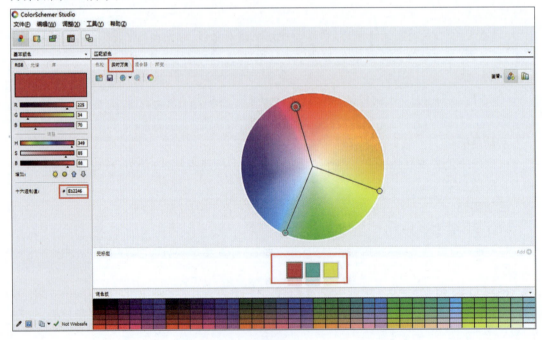

图5.1.8

（6）最后确定主辅色，如图5.1.9所示。

主色 #02C0B4   辅助色 #E12246   点缀色 #FFEE00

图5.1.9

（7）选择淘宝网店系统的配色模板。打开淘宝"卖家中心"→"店铺装修"→"模板管理"→"可用模板"→马上使用，具体操作如图5.1.10、图5.1.11所示。

图5.1.10

图5.1.11

（8）选择该模板配色，操作成功，店铺效果图如图5.1.12所示。

图5.1.12

活动评价

项　　目	评分标准	分值/分	得分/分
风格定位	能根据产品特点、品牌个性和消费目标人群的喜好,确定店铺的风格。	40	
配色方案	熟练掌握配色工具的使用方法。	30	
	根据店铺要求,选择恰当的配色方案,体现产品特点和品牌文化。	30	
总　　分			

活动拓展

登录淘宝网,在搜索栏中选择"店铺",输入检索词"箱包",在搜索结果中浏览,选择你最喜欢的3个店铺的装修风格,截图分享,并从风格定位和网店首页配色方案两个方面谈谈你喜欢的原因和你从中学到什么相关的技巧。

活动2　设计店铺首页的框架

活动背景

店铺首页框架布局不是简单地把商品堆积到店铺中,而要通过科学合理的选择组合排列进行展示。首页的目的是让顾客记住店铺,包括店铺名、风格、商品品类、商品价位等基本信息;通过框架布局让买家按照我们提供的路线,进行有目的性的点击,提高二跳率。确定了网店的风格和配色方案之后,公司美工团队继续商榷网店首页的框架布局,我们跟着小可一起学习吧!

⊟ **知识窗**

1.店铺首页组成元素

店铺首页包含多种元素,如店招、导航、首焦轮播、优惠券、旺旺咨询、活动促销、分类列表、公告信息、海报、新品展示、页中导航、分类产品展示、店尾、店铺背景等这几部分组成。

2.布局的视觉设计要点

（1）用户浏览模式。了解用户如何去浏览网页内容，这将有助于指导页面设计，提高用户的交互行为。眼动跟踪研究已经表明在线阅读者浏览信息是在一种形似字母「F」的模式引导下。对于淘宝店铺而言，店铺上面部分，即页头1~3屏是消费者浏览的重点，所以，在这个位置我们要放置重要的内容，合理利用好每个模块。F模式示意图如图5.1.13所示。

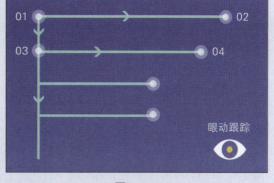

图5.1.13

（2）消费者的需求，合理布局模块。如图5.1.14所示，费雪牌官方旗舰店，消费者更多的是想了解店铺的促销活动、优惠信息、新上架产品或是店铺的爆款产品。根据消费者的需求选择合理布局模块。

（3）布局的引导。如图5.1.15所示，该网店首页根据浏览习惯对消费者进行视觉引导。常用的布局引导包括竖向型和S曲线型。竖向型布局简洁明了、条理清晰，便于阅读。S曲线型富有韵律感，形成视觉牵引力，引导性强。

图5.1.14

图5.1.15

活动目标

按照乐乐包袋皮具公司对网店的功能要求，为公司网店首页布局框架。

活动实施

设计步骤参考：

（1）构思首页的主要框架。根据首页的常规布局结构及店主的要求，对首页的主要框架进行构思。为了体现出一定的个性，我们决定对本案例采用通栏布局，利用合理的留白，让视线更开阔，最大限度利用店铺首页的装修空间，其大致布局如图5.1.16所示。

（2）淘宝装修后台页面布局。根据构思的框架，打开"淘宝"→"网店装修"→"首页"→"布局管理"，在左边选择模块，包括950模块，190模块和750模块，拖拽到右边的框架，并通过增减、上下调整模块，实现想要的布局，效果如图5.1.17所示。

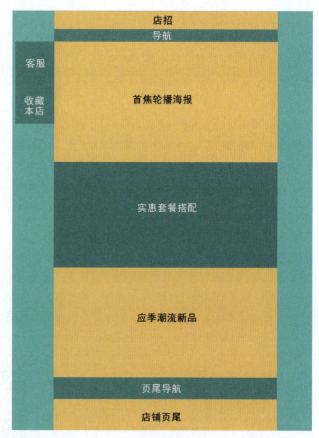

图5.1.16

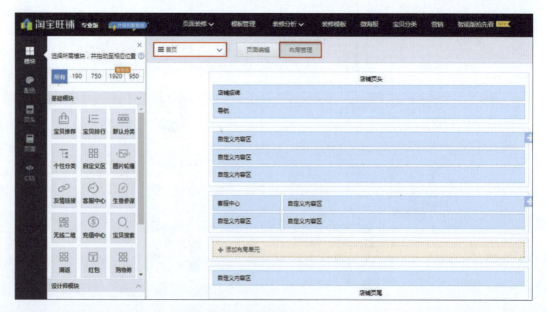

图5.1.17

活动评价

项　　目	评分标准	分　值	得　分
框架设计	（1）对首页的主要框架进行构思，能体现出一定的个性和设计感。	30	
	（2）符合客户的流量习惯，能起到一定的引导作用。	20	
	（3）框架各个模块布置合理，店铺活动和优惠信息放置在非常重要的位置，能实现公司的功能定位。	20	
	（4）能在淘宝装修后台根据设计进行页面布局。	30	
总　　分			

活动拓展

登录淘宝网，在搜索栏中选择"店铺"，输入检索词"箱包"，在收缩结果中浏览，参考优秀的案例，改进布局构图的设计，为后面开始设计网店首页各个元素做好准备。

>>>>>>> **任务2**
设计网店首页各个元素

情境设计

美工团队确定了店铺首页的风格定位、配色方案和店铺首页的框架之后，我们要为乐乐包袋皮具有限公司设计首页装修图。公司要求首页要包含店招、导航条、欢迎模块、商品陈列区、客服、店铺收藏与页尾等区域，并对店铺中的箱包进行形象展示，整体页面要有一定的设计感和艺术感，要能表现商品的品质和品牌的个性。

任务分解

在任务1中，美工团队已经确定了店铺首页的风格定位、配色方案和店铺首页的框架，现在开始着手具体设计首页的各个元素。为了网店首页的整体视觉效果，本次任务的设计风格和配色方案要基于任务1的方案，本任务主要分为5个活动：①设计与制作网店的店招；②设计与制作店铺的促销广告；③设计与制作商品陈列区；④设计与制作商品详情页；⑤设计与制作客服、店铺收藏与页尾。

活动1　设计与制作网店的店招

活动背景

店招在店铺的最顶端，是店铺的招牌。进入店铺，店招首先进入眼帘，是整个店铺曝光量最大的一个模块，它决定着整个店铺的设计风格与品牌形象定位。如何利用好店招进行信息的传达是店铺视觉营销的重要内容之一。本活动中，我们跟随小可一起为乐乐包袋皮具公司设计网店的店招吧！

🖥 知识窗

店招要突出店铺品牌和产品定位，也就是让买家已进入店铺就知道这家店的店名，卖什么产品。

1.店招的视觉设计要点

①店招的基本参数：

● 传统小店招尺寸：950 px ×120 px；宽屏店招尺寸：1 920 px ×120 px。

● 文件格式：JPG、PNG、GIF。

②常见的店招内容：包括店铺名、店铺Logo、收藏按钮、关注按钮、促销产品、优惠券、活动信息/时间/倒计时、搜索框、店铺公告、第二导航条、旺旺、电话热线等信息。

③店招风格。店招风格基于网店首页的整体配色，符合店铺的产品和品牌形象。

④店招与Logo要协调统一。店铺Logo放置在店招上，店招色彩风格要跟Logo相映成趣，不突兀。

⑤店招背景设置。除了950 px宽度的展示之外，当全屏展示店铺时，店招位置左右还有店招的背景设置，可以是图片也可以是纯色，注意背景色彩的选择，要跟店招协调统一，一般选择店招的底色。

⑥店招布局设计。店招布局设计要符合店铺形象和营销内容。

2.店招的布局设计

（1）极简品质型布局。

布局简单直观，除了Logo店名外，没有过多的修饰，注重品牌品质和品牌形象，增加店内检索功能，方便买家搜索，提高客户体验。这种布局方式常用于知名度较高的大品牌。案例如图5.2.1所示。

图5.2.1

（2）活动促销型布局。

在基础的布局之上，添加优惠信息、促销活动等内容，突出店铺的活动，方便买家第一时间了解店铺的活动，吸引顾客。案例如图5.2.2所示。

图5.2.2

活动目标

了解店招的视觉设计要点和布局方式，根据乐乐包袋皮具公司店铺首页风格策划和布局设计，整体设计，制作店招。打开素材"项目5→5.1.1素材1.jpg"，获取店招上的产品图片素材，如图5.2.3所示。

设计与制作网店的店招

图5.2.3

活动实施

设计步骤参考如下：

（1）新建首页文件。尺寸：1 920 px×2 000 px，文件的高度可以根据首页内容增加画布大小，填充背景色（R：2　G：192　B：180），运用辅助线和标尺工具，标记店招和导航的具体位置（950 px×150 px），效果如图5.2.4所示。

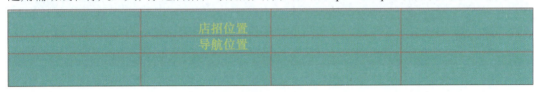

图5.2.4

（2）店招布局。将店招画面进行合理的分配，网店Logo和广告语排版在视觉中心位置，居中摆放，素材图片和点击购买图标以具有对称性的方式编排，使其在视觉上达到一种平衡而又不呆板的状态，效果如图5.2.5所示。

图5.2.5

（3）突出店标和活动。在店招居中位置将设计制作好的店标放上去，调整大小和位置，打上店铺宣传广告语和促销活动，效果如图5.2.6所示。

图5.2.6

（4）处理素材。将店铺主推产品图片处理好，摆放在店招左边，并在右侧制作一个矩形色块的抢购图标，店招的部分就基本完成了，效果如图5.2.7所示。

图5.2.7

（5）制作网店首页导航。在店招下方继续制作网店首页导航，根据策划布局，绘制两个对等宽度导航背景条，一级导航使用首页背景色的同系色（R：2　G：139　B：13），二级导航用灰色（R：238　G：238　B：238），区分导航条的内容。效果如图5.2.8所示。

图5.2.8

（6）绘制包包造型图标。用钢笔工具在左边绘制一个首页的包包造型图标，填充颜色（R：1　G：72　B：68）增加视觉效果，并使用文字工具，输入文字"首页""HOMEPAGE"，文字颜色设置为灰色，调整大小并放置在包包的图标上，效果如图5.2.9所示。

图5.2.9

（7）添加导航文字内容。根据公司策划好一级、二级导航内容和活动信息，使用文字工具输入相关文字，合理放置在导航上。店招制作完成，效果如图5.2.10所示。

图5.2.10

活动评价

店招设计要点评分见下表。

项　目	评分标准	分值/分	得分/分
店招内容设计	（1）元素齐全，主题明确。	25	
	（2）构图布局方式合理。	25	
	（3）导航性清晰，功能性强。	25	
店标整体效果	（4）整体颜色搭配效果。	25	
总　分			

活动拓展

　　淘宝"双十二"活动快要来了,尝试为乐乐包袋网店更新一下店招,要求店招上要放置两款店铺商品促销活动产品,请合理布局并设计制作,打开素材"项目5→5.1.1素材2.jpg",获取活动产品图片,如图5.2.11所示。

图5.2.11

活动2　设计与制作店铺的促销广告

活动背景

　　店铺首页的广告位置在网店首屏页面的焦点位置,店家经常会利用这一视觉浏览特征,合理利用广告的视觉展现,推销店铺产品、宣传店铺活动。在一个视觉区域内合理设计编排广告中的商品图片、文字及整体颜色搭配,是决定广告最终效果的重要因素。公司的网店开设好了,要趁热打铁,网销部的小伙伴想让美工队针对店铺开展的活动设计相关广告进行宣传,一起来看看店铺首页的关键性视觉营销模块是如何制作的吧!

🔲 知识窗

　　促销广告是指直接向消费者推销产品或服务的广告性形式。运用各种途径和方式,将产品的质量、性能、特点等呈现给消费者,以满足其诉求,唤起消费者的消费欲望,从而达到广告目的。

　　1.促销广告的三大设计内容

　　①广告文字编排设计;②商品图片处理与摆放;③整体颜色搭配与提升。

　　2.店铺首页促销广告的文件尺寸及要求

　　①满屏广告尺寸宽度为1920 px,高度可以根据广告内容自定义,一屏的广告高度为600~750 px。

　　②与店招导航齐宽的广告尺寸宽度是950 px,还有左侧有附加功能模块的小模块广告尺寸宽度是750 px。

设计与制作
店铺的促销
广告

活动目标

了解店铺促销广告的设计内容,掌握店铺促销广告的构图和设计方法。

活动实施

设计步骤参考如下:

(1)确定广告构图方法。在店招的下端位置,我们接下来是做店铺广告,还是借助店招宽度的辅助线,我们在首页居中位置设计制作一个店铺活动广告。打开素材"项目5→5.2.2素材1.jpg",运用简洁的左右结构构图方法,右边放上处理好的商品图片,左边编排摆放好文字,如图5.2.12、图5.2.13效果所示。

图5.2.12

图5.2.13

(2)确定配色方案。为了让广告文案信息更为突出,提取商品中所含颜色,并运用对比色增强视觉效果。利用配色软件ColorSchemer Studio,辅助配色,确定配色方案,效果如图5.2.14所示。

(3)设计背景折纸效果。利用钢笔工具绘制出背景折纸,并根据配色方案,为背景折纸填色,颜色选择与背景色彩色相对比相差150°左右,形成强烈对比色的玫红色,增加视觉效果,如图5.2.15所示。

(4)编排和设计文字。根据配色方案,为标题文字填色,颜色选择与背景色彩色相对比相差150°左右的玫红色,为了突出"SALE",字母做描边、阴影和高光,增加文字的视觉效果,"代金购物券"选择商品颜色中的黄色,突出重要信息的同时不失色彩风格的统一,效果如图5.2.16所示。

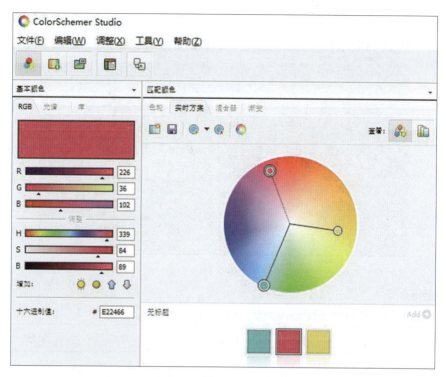

图5.2.14

图5.2.15

图5.2.16

（5）设计制作活动时间流程图。在下端位置处设计制作活动时间流程图，明确活动内容，增加色块以加强视觉效果，店铺首页的广告就设计完成，效果如图5.2.17所示。

图5.2.17

活动评价

促销广告的设计评分见下表。

项　目	评分标准	分值/分	得分/分
内容设计	(1)构图布局合理。	20	
	(2)文字编排与设计能有效吸引注意力。	20	
	(3)商品美化与处理效果。	20	
	(4)细节元素的设计与创新。	20	
整体效果	(5)整体颜色搭配效果。	20	
总　分			

活动拓展

尝试为该店铺再制作两张不同风格的促销广告,要求运用不同的构图方法,形成店铺首页三张轮播广告。

活动3　设计与制作商品陈列区

活动背景

商品陈列展示区是店铺首页的重要模块,店铺首页大部分内容由商品陈列展示构成。合理的商品陈列可以起到展示商品、提升品牌形象、营造品牌氛围、提高品牌销售的作用。作为首页全屏banner广告下方大区域的板块,促销陈列往往能直接吸引消费者的注意,如何设计制作店铺的陈列展示区?常见的模板方式又有哪些呢?我们跟小可一起来学习吧!

🖵 **知识窗**

　　在店铺首页上，除了促销广告区域，还可以有多样的模块进行宣传和促销产品，商品陈列区就是一个综合促销和展示宣传的模块。一个设计优秀的陈列区模板能够直接吸引买家点击中意的商品图片进入详情页，从而达成销售的目的。

　　1.商品陈列区分类

　　①促销区，展示店铺促销活动的商品。

　　②分类展示区，店铺同类商品的分类展示，增强网店购物的导购效果，使得商品陈列整洁和美观，视觉冲击力强。

　　2.商品陈列常用的展示方法

　　（1）一行多列，整齐排版。

　　把商品进行整齐地一排一排陈列展示，显得商品丰富、整洁、美观，很容易让消费者找到自己喜欢的款式或颜色，引导消费者进一步对商品进行了解。这是最常用的首页商品陈列展示方法之一。案例如图5.2.18所示。

图5.2.18

　　（2）突出主推产品，主次分明。

　　主推商品的画面占比大于其他商品，主次分明。其目的是主推产品得到很好的展示，提升单品的转化率。这种陈列展示的方法常用于新品上市或促销活动的陈列展示。案例如图5.2.19所示。

　　（3）图文对应。

　　在商品陈列展示中，可以进行"产品+文案"的展示方法，全方位地展示一个单品，更能提升单品的转化率。在店铺首页中，如果出售商品较少，可以用图文对应的陈列方法，如果商品较多，则最好少用，不然会使操作首页屏幕数过长，也会造成顾客浏览商品速度下降。案例如图5.2.20所示。

　　（4）搭配关联。

　　在一个区域内把商品和商品之间有明显搭配关联的商品陈列展示在一起，使商品组合起到互补和延伸的作用，以便顾客在购买A商品后，顺便也购买陈列在旁边的商品B或商品C，有效地提高店铺的销售额。案例如图5.2.21所示。

图5.2.19

图5.2.20   图5.2.21

活动目标

了解商品陈列区展示方法和作用,为乐乐包袋网店设计店铺首页陈列区。

活动实施

经公司决定,乐乐包袋网店的商品陈列区使用两个模块展示产品,搭配组合优惠+新品推荐,既能展示店铺的优惠产品,又能展示新品上市,吸引新老客户。本案例内容继续在首页.psd文件中完成,配色统一,整体打造首页效果。

设计步骤参考如下:

(1)搭配组合优惠商品陈列区设计:本模块提供6组产品组合优惠信息,一列2组,共3列,整齐统一竖排版。样式配色统一,"超实惠搭配套餐"底色使用首页导航的色彩(R:1,G:129,B:121),展示区背景使用透明度为30%的白色方块。效果图如图5.2.22所示。

(2)设计制作促销区优惠套餐展台。绘制几何色块做展台效果,使用"矩形选框工具"绘制矩形,填充白色,如图5.2.23所示;复制此矩形框,按"Ctrl+T"快捷键变换选区,并单击鼠

设计与制作
商品陈列区

标右键，在弹出的快捷菜单中选择"透视"，调整矩形台面的透视效果，添加渐变，效果如图 5.2.24所示。

图5.2.22　　　　　　　　　　　　　　　　　　图5.2.23

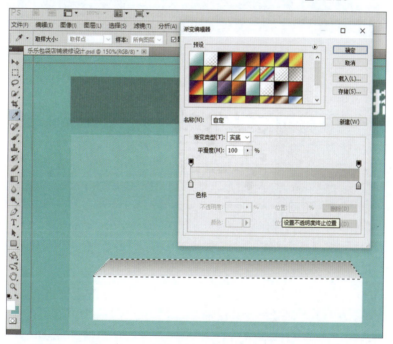

图5.2.24

（3）制作色块标签，突出套餐价格的优惠对比。给展台前面添加两个矩形色块，下面矩形色块颜色（#018179）是导航配色，上面矩形色块选择背景色（#02c0b4），效果如图5.2.25所示；绘制大箭头指示，填充为梅红色（#d10e52），并选择自定义图形工具，选择小箭头，绘制并填充白色，效果如图5.2.26所示；接着复制大箭头和小箭头，并按"Ctrl+T"快捷键变换选区，并点击鼠标右键，在弹出的快捷菜单中选择"180°翻转"，放置在右边对称的位置。最后添加符号（+），效果如图5.2.27所示。

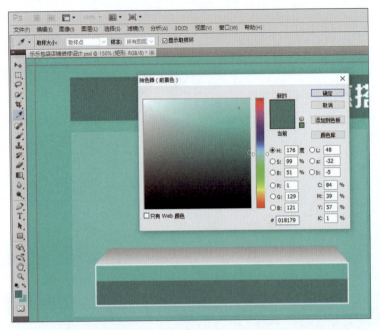

图5.2.25

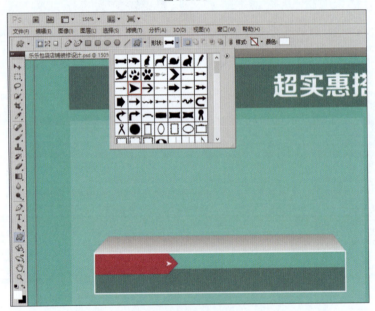

图5.2.26

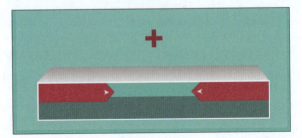

图5.2.27

（4）添加文字信息。使用文字工具，字体选择"微软雅黑"，添加文字信息，其中包括产品名称、原价、现价和组合套餐的优惠价，让顾客清晰、快速地把握促销活动的力度，吸引消费者的点击。效果如图5.2.28所示；最后打开"项目5→5.2.2素材.psd"文件，把产品的图片放置上去，调整图片大小，单一模块站台制作完毕，效果如图5.2.29所示。

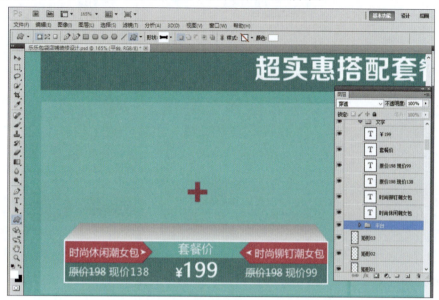

图5.2.28

图5.2.29

（5）根据需求复制或删减展台模块。复制制作好的套餐模块，一列两组进行排版，套餐里的搭配产品图片可以替换，文字内容可以根据产品具体信息进行修改，也可根据展示需要删减模块。搭配组合优惠的商品陈列区制作完成，效果如图5.2.30所示。

（6）制作新品推荐商品陈列区。按照同样的方法，制作首页第二商品陈列区"潮流应季新品"，该模块是新品上市，所以选用主次分明排版，4款新产品作为主推产品，画面占比大于其他商品，其目的是主推产品得到很好的展示，提升单品的转化率，效果如图5.2.31所示。

图5.2.30

图5.2.31

活动评价

商品陈列区评分见下表:

项　　目	评分标准	分值/分	得分/分
内容设计	(1) 模板规划设计整洁大方。	20	
	(2) 整体视觉效果层次分明, 有主次之分。	20	
	(3) 展示和促销效果良好, 色彩区分促销细节。	20	
	(4) 细节元素的设计与创新。	20	
整体效果	(5) 整体颜色搭配效果。	20	
总　　分			

活动拓展

　　为乐乐包袋网店新增一个商品陈列区"本周推荐", 要求使用"图文对应"的展示方法, 主要展示产品拉杆箱, 打开"项目5→素材5.2.3.jpg"文件, 如图5.2.32所示。

图5.2.32

活动4 设计与制作商品详情页

活动背景

商品详情页作为产品信息的主要承载页面,也是电商业务转化的主战场。商品详情页是决定买家是否购买的关键因素,因此商品详情页面的设计规划,是电商产品设计的核心,承担着转化率。商品详情页包含哪些内容呢? 如何美化详情页的视觉设计? 我们跟小可一起来学习吧!

📖 知识窗

买家在淘宝点击商品图,系统会跳转到产品的详情页。能不能继续留住客户,详情页至关重要,优秀的详情页能提高产品的转化率。

1.商品详情页包含哪些内容

详情页大小尺寸:宽为750 px,高自定义;图片格式:JPG、PNG。

商品详页的设计主要包含商品图片、商品内容介绍、商品价格信息。基于这些内容模块的商品详情页设计要点,分为消费者体验设计、用户体验设计。其中具体应该包含什么内容,如图5.2.33所示。

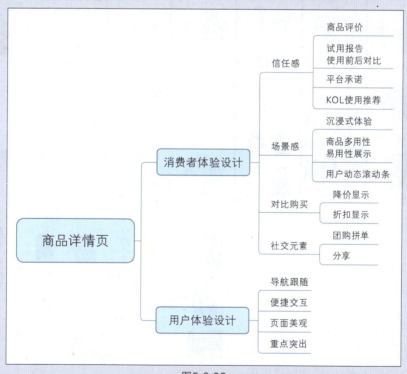

图5.2.33

2.详情页设计禁忌

(1)信息太杂乱无重点,用户视觉混乱。

针对商品所属性质和定位,选择相对应的核心设计功能点来展示,不必考虑所有设计都有内容,否则会导致信息杂乱,造成用户混乱的视觉体验,因此要注意页面长度的控制,一般是

3~5屏。

（2）相关商品和推荐太多，喧宾夺主。

商品详情页主要作用是展示商品属性，组合购买等不宜太多，并且最好是有价格优惠。其相关产品推荐位置不要太靠前，以免喧宾夺主，导致消费者有很强的商业感和厌恶情绪，这一点对于订单转化很不利。这个模块通过放在页末的相关度特别高、精准的"组合购买"和"猜你喜欢"来平衡其余商品导流和用户体验的问题，比较恰当。

（3）文案太多太浮夸，影响购物体验和视觉设计。

文字最无力，放在信息密集的电商上，更是如此。浮夸不务实的文案字眼更是雷区，消费者的智商不容侮辱，没有根据的文字说明毫无价值。商品属性特色用关键字抓取，商品的展示通过图片甚至视频完成，有效地提高详情页的视觉设计。

活动目标

为乐乐包袋皮具公司新品拉杆箱设计商品详情页，要求详情页中包含产品广告、产品特色、产品图片、细节图、优惠活动、售后服务等模块，提高消费者的信任。效果图如图5.2.34所示。

图5.2.34

活动实施

设计步骤参考如下：

（1）确定商品详情页面布局。根据公司的要求，该款拉杆箱商品详情页要包含创意海报、产品特点、产品信息、亮点剖析（细节图）、售货服务模块。

（2）收集相关素材。包括创意广告素材和商品各个角度高清图。大象、羽毛、衣橱、产品图，如图5.2.35所示。

（3）确定配色，图文排版设计。新建文件。宽为750 px，高为4 000 px（根据内容调整画布的高度），背景填充白

设计与制作
商品详情页

图5.2.35

色。制作海报1：新建组，并命名"海报1"，使用矩形选框工具，固定大小：750 px×875 px，添加渐变背景，参数设置如图5.2.36所示；打开素材"项目5→5.2.4素材.psd"，选择奶茶和3个颜色旅行箱的素材，调整其大小，摆放合适位置，效果如图5.2.37所示；添加文案，并添加文字效果，配色使用棕黄色拉杆箱的颜色。海报1的效果如图5.2.38所示。

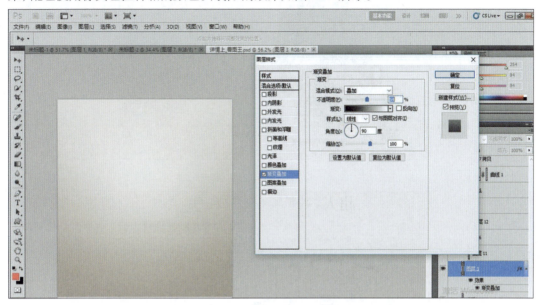

图5.2.36

图5.2.37

图5.2.38

（4）按照"海报1"的模板，制作海报2、海报3、海报4、海报5。复制组"海报1"，粘贴并命名为"抗压""轻""容量""颜色"，如图5.2.39所示；选择相关的素材和文案进行图文排版，素材添加阴影，增强立体效果。效果如图5.2.40—图5.2.42所示。

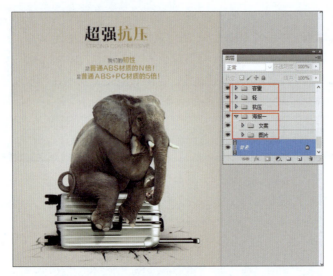

图5.2.39

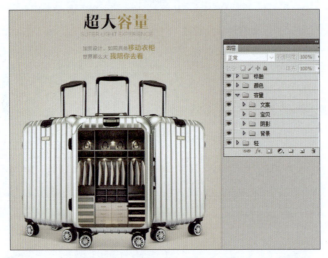

图5.2.40

图5.2.41

图5.2.42

（5）产品信息模块制作。制作标题栏：选择"矩形选框工具"，属性栏：固定大小为750 px×150 px，制作标题栏的底色，填充颜色（#344152）；制作方框，选择"矩形选框工具"，画出选区，并点击鼠标右键进行描边，参数如图5.2.43所示；制作渐隐线条，使用画笔工具，按住"Shift"键画直线，参数设置如图5.2.44所示；接着使用橡皮擦，擦除部分线条，参数设置如图5.2.45所示；然后复制线条到右边，添加文字信息，最后标题区域制作完毕，效果如图5.2.46所示。

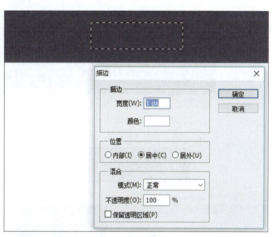

图5.2.43

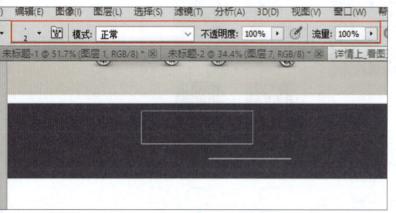

图5.2.44

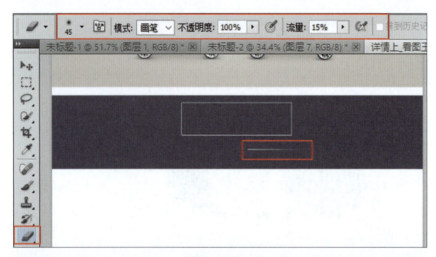

图5.2.45

图5.2.46

（6）复制标题栏模板，进行文字和图片修改，完成产品信息制作，效果如图5.2.47所示。

图5.2.47

（7）按照步骤（6）的方法，制作产品的亮点剖析，制作完毕，效果如图5.2.48所示。

图5.2.48、

活动评价

项　目	评分标准	分值/分	得分/分
商品 详情页设计	（1）页面布局主次分明，中心突出。	25	
	（2）配色协调，整体风格统一，符合行业特征。	25	
	（3）产品展示区，美观，链接正常，产品主图美观，无变形，商品标题吸引人，价格统一。	25	
	（4）设计符合买家浏览习惯。	25	
总　分			

活动拓展

对本活动拉杆箱产品的详情页，根据"双11"活动进行重新设计，要求必须体现"双11"活动氛围，加入"双11"的广告、店铺其他产品推荐和售后服务的模块。

活动5　设计与制作客服、店铺收藏与页尾

活动背景

首页的尾端部分经常会被设计者忽略，但从营销的角度来看，一个网店的页尾设计也是很

重要的，页尾设计能够提升网店首页整体的形象，品牌的形象也由此树立。专业和贴心服务也是网店购物的最大优势，接下来就跟着乐乐包袋皮具公司的美工团队一起来学习制作页尾模块，以及服务互动的客服和店铺收藏部分。

▭ 知识窗

1.认识店铺首页页尾的作用与设计内容

如果顾客从头到尾浏览完店铺内容，页尾模块是挽留顾客的最后营销机会，因此页尾的内容编排与设计十分重要。页尾模块的作用与内容如下：

①提升店铺品质信任感，在页尾中往往会出现"正品保证""7天无理由退换货"、发货时间和快递等温馨提示信息，打消顾客疑虑。

②便于服务互动，可以结合添加在线客服模块，联系服务顾客方便快捷。

③分类引导，快速导购。在页尾可以添加导航栏内容，重点突出店铺主要分类的产品，方便顾客快速点击查找。

④返回顶部按钮。当首页内容较多时，这个就能实现快速回到顶部的形式，增加首页浏览量。

⑤收藏和分享按钮，在页尾添加收藏或分享链接能方便买家收藏店铺，留住客户。

2.认识店铺首页客服模块与收藏按钮的作用

①客服相当于售货员，作为店铺和顾客之间唯一的桥梁，起着至关重要的作用，能消除顾客的距离感和怀疑感，解决顾客的沟通问题，帮助顾客选择适合的商品，以及解决顾客的售后问题。在首页添加客服内容，可以及时解决顾客的问题，提高店铺的形象和产品的转化率。

②店铺收藏人数的增加能够增加顾客对店铺的信任。收藏量越大，顾客会对这家店铺越放心，形成购买的可能性越大。所以，店铺收藏在首页装修中也至关重要，恰到好处的收藏设计，可以有效地促使顾客收藏店铺，有助于提高店铺浏览量和吸引回头客。

活动目标

了解页尾模块设计的内容与作用，掌握客服模块、收藏按钮与页尾的整体设计方法。

设计与制作
客服店铺收
藏与页尾

活动实施

设计步骤参考如下：

（1）店铺页尾模块设计制作。

在设计制作页尾时，不需要将形式做得太过花哨，结合店铺的整体配色和风格，将该排列的功能内容都能体现，简洁明了，这样的页尾模块才能真正发挥其功能。本案例制作步骤如下：

制作底框。使用矩形选框工具，绘制矩形选区，并填充颜色（#1c4e5b），参数设置如图5.2.49所示；同上，绘制矩形选区，并填充颜色（#004346），参数设置如图5.2.50所示；绘制矩形选区，并填充颜色（#02757c），参数设置如图5.2.51所示。

图5.2.49

图5.2.50

图5.2.51

②添加文字。使用文字工具,添加并排版文字和阿里旺旺图标,效果如图5.2.52所示。

图5.2.52

(2)客服模块与收藏按钮结合设计制作。

常见的客服模块可以固定在店招下方左边或者右边位置,也可以后期通过代码设置为随着屏幕一直出现在左右两侧,更方便消费者在店铺浏览过程中随时点击联系客服和收藏店铺。

①制作客服模块的底框。选择矩形选框工具,绘制选区,宽为190 px,高为400 px,填充颜色(#cf2669),并添加图层样式为内发光效果,参数和效果如图5.2.53所示。

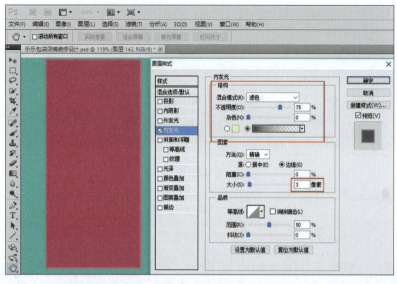

图5.2.53

②使用画笔工具，前景色不变，画笔大小"4"，选择笔触"硬边圆"，按住"Shift"键画出一条横直线，并添加斜面和浮雕效果图层样式，参数设置如图5.2.54所示；给该图层添加图层蒙版，前景色设置为黑色，选用画笔工具，设置"柔边圆"，不透明度为24%，在蒙版上面图画直线左右两边的线条，效果如图5.2.55所示。

③绘制按钮。使用圆角矩形工具，半径为"10"，前景色为白色，绘制按钮，并添加图层样式，效果如图5.2.56所示；使用圆角矩形工具，半径为"5"，绘制按钮，填充渐变色，效果如图5.2.57所示。

④添加文字信息和阿里旺旺图标。同样的按钮复制粘贴即可，为客服模块添加文字信息和阿里旺旺图标，对齐排版，放置在店招的左下角，最终效果如图5.2.58所示。

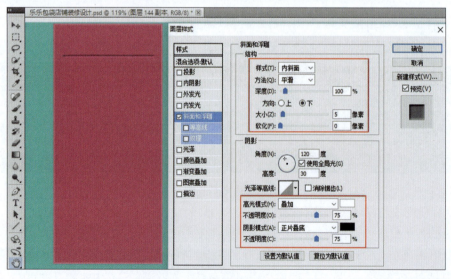

图5.2.54

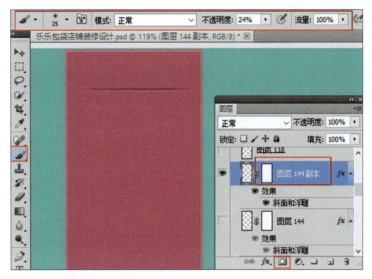

图5.2.55

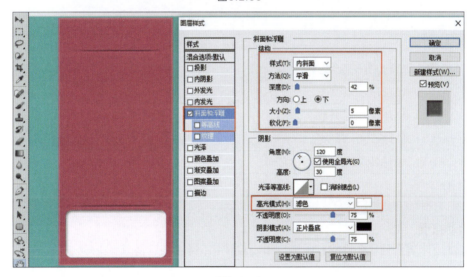

图5.2.56

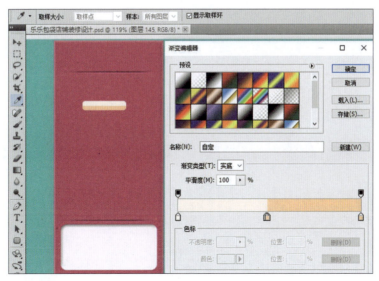

图5.2.57

图5.2.58

活动评价

客服模块设计效果评分见下表：

项 目	评分标准	分值/分	得分/分
内容设计	(1)构图布局合理。	25	
	(2)服务互动性强。	25	
	(3)内容元素完整。	25	
	(4)版式整齐简约，层次清晰。	25	
整体效果	(5)整体颜色风格搭配统一。		
总 分			

活动拓展

尝试设计制作独立个性的客服模块和收藏按钮，展示在店铺首页上端左右两侧。

项目6
提升手机端淘宝店铺装修的视觉效果

▣ 项目综述

随着电子时代的到来，网上购物已经成为备受消费者青睐的购物方式之一。越来越多的消费者开始利用手机等移动客户端进行网上购物。据阿里巴巴实时数据显示，2019年天猫"双11"全球狂欢最终以2 684亿元交易额拉下帷幕，其中移动端占比已经超出90%。这些数据显示，使用手机等移动客户端进行网上购物俨然是一种消费潮流。因此，网店在进行PC端店铺装修的同时，也要推进手机端的店铺装修，从而更好地锁定目标消费群体。

近日，乐乐包袋皮具公司的美工团队开始进行手机端淘宝店铺装修。根据之前培训学习的工作流程，网店的整体视觉效果要吸睛。本着"吸睛"这一理念，美工团队结合PC端装修风格，为打造一个风格统一、有视觉冲击力的淘宝手机端店铺，开始了如火如荼的店铺装修策划和设计。

▣ 项目目标

通过本项目的学习，应达到的具体目标如下：

知识目标

◇确定手机端淘宝店铺首页的风格和配色方案。

◇了解手机端与PC端店铺装修的区别。

◇熟知手机端淘宝店铺的装修流程。

能力目标

◇了解手机端淘宝店铺装修要点。

◇熟练制作手机端淘宝店铺的店招，并达到一定的视觉设计效果。

◇能够设计与制作手机端淘宝店铺的优惠券。

◇能够设计与制作手机端淘宝店铺焦点图和分类图。

◇能够设计与制作商品详情页，有视觉效果。

◇能够将商品详情页导入PC端以及手机端。

素质目标

◇提高学生对流行色的捕捉敏感度，不断追求卓越的创造精神。

◇培养学生"服务至上"的职业素养，根据客户的要求更新店铺装修。

◇培养学生不达要求绝不轻易交货的职业素养，提高学生对设计作品的产品严格的检测标准。

◇培养学生的发散思维，增强审美意识。

▣ 项目思维导图

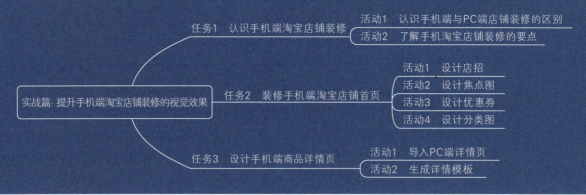

〉〉〉〉〉〉 任务1
认识手机端淘宝店铺装修

情境设计

乐乐包袋皮具公司的美工团队前期已经完成PC端淘宝店铺的装修。然而PC端页面跟手机端页面有很大的区别，手机端能展现的面积不大，在装修店铺的时候，需要小可所在的美工团队挑重点内容来做。如果放过多内容或者图片，消费者在没有Wifi的情况下利用手机端浏览页面时，会影响页面打开的速度。速度过慢客户体验度会受到影响，甚至可能导致客户流失。所以手机端淘宝店铺装修必须要做得简洁，而且要直击重点。

任务分解

在前期的工作中，美工团队已经对PC端店铺进行了装修。风格定位、配色方案已经相对完善，现在开始着手对手机端店铺进行装修。本任务主要分为两个活动：①认识手机端与PC端店铺装修的区别；②了解手机淘宝店铺装修的要点。

活动1   认识手机端与PC端店铺装修的区别

活动背景

手机端的淘宝店铺与PC端有着较大的不同，美工小可需要掌握手机端店铺装修特点，学习如何进入手机端店铺装修页面。了解版面信息及手机店铺装修的设计原则，才能更好地胜任美工工作。

🗂 知识窗

1.手机端店铺特点

①可以随时随地浏览店铺，不受时间、空间限制。

②预览更方便、快捷；增强了买家和卖家的互动黏性，促进快速消费。

2.手机店铺装修的设计趋势

（1）信息要精简。

因手机店铺呈现的信息受到载体的限制，消费者所使用的手机屏幕大小有限，从而影响店铺的内容呈现；信息量多，会导致消费者无法读取全部信息。

（2）风格要统一。

手机端店铺装修时要符合品牌特性；定位店铺风格时，色彩搭配、设计元素等尽量保持一致；避免杂乱无章，做到风格统一化。

（3）以图片为主。

因受手机屏幕的影响，大部分消费者会先看图，但被图片吸引后，才愿意了解页面中的其他文字信息。因此，设计时尽量控制文字篇幅，多以图片为主进行展示。

（4）分类结构要清晰。

模块划分做到少而精，一目了然。

（5）把握色彩要素。

当手机端页面设计进行色彩搭配时，尽量选用色相饱和度高的鲜亮色系，少用深色系，不然会使画面清晰感下降。如风格定位为深色系时，要注意控制明度的变化。手机端淘宝店铺和PC端淘宝店铺有着很大的不同，在操作的过程中，不能完全把PC端的店铺照搬到手机端上，需要了解手机端的操作特点，根据操作特点对手机端淘宝店铺进行精心的设计，从而更好地发挥视觉营销的作用。

活动目标

认识手机店铺基础版模块以及如何切换智能版。

活动实施

设计步骤参考如下：

（1）手机端店铺装修入口。打开"淘宝网"→"卖家中心"→"店铺管理"→"手机淘宝店铺"→"立即装修"，也可点击店铺装修进行操作，如图6.1.1、图6.1.2效果所示。进入后点击"手机端装修"，鼠标放首页里，点击"装修页面"，效果如图6.1.3所示。

图6.1.1

图6.1.2

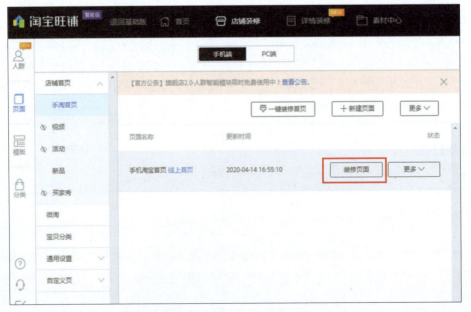

图6.1.3

（2）基础版装修模块分为商品类、营销互动类、图文类等。装修的时候只要把自己选择的相应模块拖动到右边的界面即可。每个模块放进去的数量有限，所以要有针对性的选择。红色区域①为模块分布，页面中间为手机端店铺首页的基本信息，可进行展开操作。红色区域②可进行商品信息设置、模块的添加/删除、调整上下顺序等操作，如图6.1.4所示。

图6.1.4

（3）点击需要设置的区域即可编辑商品信息。红色区域①可进行模块的添加/删除、调整上下顺序；红色区域②可进行相关编辑等操作，如图6.1.5所示。

图6.1.5

（4）智能版页面信息。点击页面左上角进行切换。钻级以下卖家用户可免费升级智能版。智能版可PC端和手机端两端装修整合；有一键装修首页、多套SDK装修模板等升级功能。如图6.1.6、图6.1.7所示。

图6.1.6

图6.1.7

活动评价

通过本活动的学习，认识手机端与PC端店铺装修的区别，掌握模块区域分类、店铺装修的模块、增加或者删除模块，基础版与智能版区别。

活动拓展

尝试给手机端页面进行风格定位，结合所学PC端首页装修知识，设计手机店铺页面，色彩搭配合理，风格统一。要求：①宽度为750 px，高度不限；②设计时模块区域的内容用色块代替即可，设计效果可参考如图6.1.8所示。

活动2　了解手机淘宝店铺装修的要点

活动背景

实习生小可已经初步了解手机端店铺装修的基本操作页面。现在需要她结合之前累积的工作经验，深入学习手机端店铺装修的要点，为接下来的手机端店铺装修工作打下良好基础。

🖥 知识窗

　　手机的屏幕较小，消费者的浏览习惯大都是从上至下。当手机端店铺装修时，要合理运用各种模块组合。如左文右图、焦点图、多图等模块，从而增加手机端店铺的趣味性。
　　手机店铺的首页由店招、自定义模块专区和商品推荐模板等部分构成。

图6.1.8

自定义模块区包括优惠券、活动信息、爆款推荐等内容，通常展示在店铺页面前端，效果如图6.1.9所示。

图6.1.9

为了吸引消费者，商品推荐模块在对商品进行排列展示时，可参照以下顺序：

①爆款；②新品展示；③季节性商品陈列；④特供款或者特价产品展示。

从视觉营销的角度考虑，可以建立不同的会场专区，在首页尽可能多地曝光店铺商品。

活动目标

了解手机店铺结构，学会自定义模块的操作流程。

活动实施

设计步骤参考如下：

（1）自定义模块。可以在该区域上传设计好的图片、添加链接等。点击"图文类"→"自定义模块"拖至右页面所要布置的区域即可。文字下方的数字表示该模块可放置的数量，自定义模块为10个，如图6.1.10所示。

图6.1.10

（2）编辑页面。点击"编辑板式"进入，若勾选"隐藏该模块下方的白色间隙"时，在页面区域该模块与下方模块为无间隙分布，根据店铺风格选择即可，如图6.1.11所示。

（3）添加图片。在弹出的编辑框内，可用鼠标拖动和调整图片区域（蓝色部分），需要添加更多图片区域，只需要按住鼠标左键，在单元格上划出所需区域面积即可。在确定位置后，点击"添加图片"可上传图片和商品链接。备注：小方块单独像素为80 px×80 px，拖拽后可在右侧看到该区域的尺寸，如图6.1.12所示。

图6.1.11

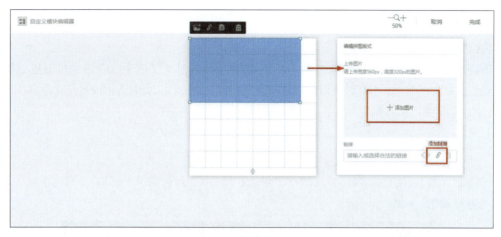

图6.1.12

活动评价

通过本次活动，小可掌握了手机端淘宝店铺装修的要点，包括自定义模块专区的展示要点、商品推荐模块的展示要点和自定义模块的操作流程。

活动拓展

为店铺的大促活动设计一张爆款海报图，用于手机端页面展示。需要考虑到手机载体的浏览特点，海报图可竖屏化。利用自定义模块进行图片上传，并添加商品链接。

任务2
装修手机端淘宝店铺首页

情境设计

美工团队确定了PC端的店铺装修风格、配色方案之后，手机端店铺整体页面也要有一定的设计感和艺术感。我们要为乐乐包袋皮具店铺进行手机淘宝店铺的装修，公司要求结合该店铺提供给我们的箱包素材图片，进行手机端店铺装修，内容包含设计店招、设计焦点图、设计优惠券、分类图等。

任务分解

在前期工作中，美工团队掌握手机端店铺的装修界面、模块分区以及如何上传设计图等操作流程。接下来要开始着手对手机端店铺首页模块进行视觉营销设计。本任务主要分为4个活动：①设计店招；②设计焦点图；③设计优惠券；④设计分类图。

活动1　设计店招

活动背景

网店美工小可现在已经掌握了手机端页面的装修流程。为了让手机端店铺页面更好地呈现，吸引消费者的眼球，小可需要对店招进行优化设计。那么手机端的店招设计尺寸是多少呢？在设计时需要注意哪些问题？接下来我们和小可一起来学习吧！

📋 **知识窗**

手机端店招与PC端不同，手机端店招背景图片呈渐变虚化显示，设计时要考虑手机端店招的整体效果。如图6.2.1所示。

图6.2.1

手机端店招的设计尺寸以及要求如下：

①手机端店招尺寸为750 px×580 px，文件大小400 kB左右；支持格式jpg、png。

②店招的设计风格一般与店铺近期活动有关，可与PC端的活动海报相呼应。

③店招所用文字、色彩、图片素材等元素要简洁明了，突出主题，避免杂乱无章。

活动目标

了解手机端店招的设计内容，掌握店招的构图和设计方法。

活动实施

设计步骤参考如下：

（1）店招设计风格定位。结合店铺PC端促销活动海报，选定相关配色以及文案信息。

（2）确定店招的构图方法。受手机端屏幕显示影响，店招实际展示区域偏上，在整体排版中，画面下方可留白；店招的设计可采用左右结构的构图方法。左边摆放处理好的商品图片，商品图打开"项目6"→"6.2.1素材"图片，右边编排摆放好文字。与PC端不同，手机端店招左侧已有店铺名称，可不必再做文字重复。效果如图6.2.2所示。

（3）设计文字背景的色块效果。利用形状工具绘制色块，并根据配色方案，为背景色块填色，颜色选择与背景色对比相差150°左右的玫红色，并给色块添加阴影等效果。利用剪切蒙版等工具在色块之上创建图形，增加画面动感效果。为方便浏览，店招图下面空白部分暂不做截图展示。效果如图6.2.3所示。

（4）编排和文字设计。文字信息简单，突出主题即可。根据配色方案，为标题文字填色，文字做描边、阴影,增加文字的视觉效果;"年终大促"选择商品颜色中的黄色,突出重要信息的同时不失色彩风格的统一,效果如图6.2.4所示。

图6.2.2

图6.2.3

图6.2.4

(5)添加点缀元素增加画面感。手机端店招设计完成,效果如图6.2.5所示。

图6.2.5

(6)手机端店招的上传。与PC端上传图片方法相同,将制作好的店招图上传至图片空间,然后点击"上传店招";按照提示进行操作即可,效果如图6.2.6所示。预览确认无误后,点击右上角"保存";点击"发布"→"立即发布",可利用手机端App扫描二维码预览效果,效果如图6.2.7所示。

图6.2.6

图6.2.7

活动评价

通过本次活动,小可掌握了店招的设计要点,能进行合理的构图布局,选用商品图片或者文字,通过文字编排与设计有效吸引注意力,使整体颜色搭配效果好。

活动拓展

尝试给该店铺设计新春活动的手机端店招,要求色彩搭配合理,画面风格统一。

活动2 设计焦点图

活动背景

手机店铺的店招已经设计好,接下来小可要根据店铺活动设计焦点图。什么是焦点图? 焦点图在设计的过程当中,需要注意哪些问题呢? 让我们和小可一起学习吧!

📖 **知识窗**

焦点图是一种网站内容的展现形式,一般在网店很明显的位置,用图片组合播放。手机端店铺banner图也属于焦点图。焦点图的设计是否美观合理,不仅直接影响了店铺的风格,而且还会影响店铺的视觉营销作用,效果如图6.2.8所示。

焦点图设计时要注意以下几点:

①背景要衬托主题、配色合理,切勿太过复杂。

②构图要突出卖点,商品主体建议占图片50%以上,整体呈现饱满效果,避免留白过多。

③文字应占据核心位置,字体不要太小,字体数量及颜色切勿太多,容易导致画面感杂乱。

图6.2.8

焦点图文件尺寸及要求如下：

①建议尺寸宽度750 px，高度200～950 px。可以根据广告内容自定义；若是轮播图，要求同一组内图片尺寸相同。支持格式：jpg、png。

②与PC端横屏浏览模式相反，手机端浏览模式为竖屏。在设计焦点图时要充分考虑显示状态，避免图片高度过小，影响展示效果。

活动目标

了解手机端店铺焦点图的构图和设计方法。

活动实施

设计步骤参考如下：

（1）确定焦点图构图法。尺寸为750 px×950 px的竖式构图；打开"项目6"→"6.2.2素材"图片，文案放置画面上方，文字内容突出主题活动即可，效果如图6.2.9所示。

（2）确定配色方案。背景选择浅色系，突出夏季清爽的视觉效果。结合商品本身的颜色，利用形状工具绘制辅助色块，增加画面协调感。用钢笔工具为背景添加点缀元素，防止画面感单一；突出色选择商品的互补色：蓝色；符合夏季的视觉感受，效果如图6.2.10所示。

图6.2.9

图6.2.10

（3）文字排版。对主副标题的字体和大小进行调整，为突出"折扣"信息；在下方绘制图形，添加浮雕效果，使该文字部分的画面更立体，效果如图6.2.11所示。

（4）完善细节部分。利用形状工具绘制点缀元素，添加图层样式，增加画面的动感，效果如图6.2.12所示。

图6.2.11   图6.2.12

活动评价

通过本次活动，小可掌握了焦点图的设计要点，能进行合理的构图布局。文字编排与设计有吸引力、商品美化与处理效果好、细节元素的设计有创新力、整体搭配效果好。

活动拓展

为店铺的夏季大促活动设计两张焦点图，打开素材"项目6"→"拉杆箱素材"，用于手机端首页轮播展示。根据店铺活动自定义尺寸；要求促销活动文案清晰，主题突出。

活动3 设计优惠券

活动背景

为了更好地回馈新老客户以及刺激消费者的购买欲望，店铺决定在促销活动期间发放优惠券。为搭配店铺活动风格，需要小可为店铺活动单独设计优惠券。在设计和操作时需要注意哪些问题呢？和小可一起来学习吧！

📖 知识窗

店铺优惠券，有利于促进客户黏性，以及增加店铺的交易量。

优惠券设计时，要做到以下几点：

①信息简洁明了，文字颜色与背景色要有所区分。

②切勿将多个优惠信息放置一张图内，会使画面感杂乱，且重点无法突出。

③占屏空间要合理，优惠券图片高度尺寸不宜过大。

"美颜切图"模块建议图片宽度为750 px，高度为335~2 500 px。支持格式：jpg、png。优惠券可根据信息设定高度尺寸。

活动目标

了解手机优惠券的构图和设计方法以及优惠券的上传方式。

活动实施

设计步骤参考如下：

（1）确定优惠券构图法。店铺发放了两张优惠券，尺寸为750 px×340 px的横版构图；借助参考线，左右各放置一张，文字内容突出主题活动即可。

（2）确定配色方案。背景选择暗红色，营造喜庆红包的视觉效果；边缘选用互补色：蓝色，增加画面冲击力。防止画面颜色过多，影响视觉效果；文案底色选用白色，效果如图6.2.13所示。

图6.2.13

（3）文字排版。对字体的大小和粗细进行调整，突出"优惠面值"，并添加相应的宣传文案，使文字部分更醒目，如图6.2.14所示。

图6.2.14

（4）完善细节部分。利用形状工具绘制点缀元素，并在白色色块下方添加蓝色色块，使画面感更充实，如图6.2.15所示。

（5）将设计好的优惠券进行上传。把店铺装修升级成智能版后，需要借助智能版"图文类"→"美颜切图"模块进行操作。如图6.2.16所示。将设计好优惠券上传后，单击"添加热区"，如图6.2.17所示。

图6.2.15

图6.2.16

图6.2.17

（6）为优惠券的不同分区添加链接。将设计好的优惠券上传后，点击"添加热区"，拖拽出所需区域的相应大小。要添加新热区，可单击垃圾桶旁边的复制图标，即可复制出等大的热区范围，或者点击"添加热区"，单击红色区域均可添加链接，如图6.2.18所示。

图6.2.18

（7）完成优惠券上传。进入链接页面后，选择"优惠券"。下方会出现订制好的优惠券信息，设计优惠券时要根据店铺优惠券数量的实际情况而定。勾选优惠信息，单击"确定"按钮，如图6.2.19所示。

图6.2.19

活动评价

通过本活动的学习，小可掌握了优惠券的设计要点，能合理构图以及选用商品图片，文字编排与设计能有效吸引注意力，整体颜色搭配效果好。

活动拓展

为店铺设计优惠券：5元无门槛优惠券；满199减10、满299减20、满799减100优惠券。要求主题突出，构图合理，配色运用得当。

活动4 设计分类图

活动背景

分类图在手机店铺首页十分重要，分类图可以快速引导消费者浏览更多的商品，增加转化率。那么分类图在设计的时候，需要注意哪些问题呢？和小可一起来学习吧！

🗐 知识窗

分类图有利于客户更快速地浏览商品。分类图布局要合理，文字要统一；可以图文并茂，也可以用文字表达，突出分类即可，如图6.2.20、图6.2.21所示。

图6.2.20

图6.2.21

手机端分类图的设计要注意以下几点：

①图文分类要做到分类清晰；

②画面整洁、图文分类的视觉效果好。图片切勿太多，造成画面杂乱。

③用banner结合图文展示分类。如图6.2.22所示。

图6.2.22

活动目标

了解手机端分类图的构图和设计方法。

活动实施

设计步骤参考如下：

（1）确定分类图的构图方法。图片尺寸为750 px×400 px。根据店铺现有分类，借助辅助线创建4个分区，如图6.2.23所示。

图6.2.23

（2）分类图的风格定位。打开"项目6"→"分类图素材"图片，结合商品素材，选定相关配色。由于画面中颜色较多，在图片上做色彩叠加，从而达到色调统一的视觉效果。如图6.2.24所示。

图6.2.24

（3）文字排版。对字体的大小和粗细进行调整，并穿插字母使画面饱满，如图6.2.25所示。

图6.2.25

（4）完善细节部分。利用形状工具绘制点缀元素，通过互补色增加画面的动感，并完成最终效果，如图6.2.26所示。

图6.2.26

（5）上传分类图。分类图上传方法和上传优惠券相同；在上传分类图之前，需要先把店铺商品进行分类。在上传分类图时就可以选择相应的商品分类，并添加链接，如图6.2.27所示。

图6.2.27

活动评价

通过本活动的学习，小可掌握了分类图的设计要点，构图合理，商品图片或者文字选用恰当，文字编排与设计能有效吸引注意力，整体颜色搭配效果好。

活动拓展

为手机店铺设计分类图：根据店铺活动情况自定义尺寸；要求主题突出，构图合理、配色运用得当。

任务3
设计手机端商品详情页

情境设计

美工团队前期已经设计了PC端的商品详情页，手机端详情页的制作是增加商品和店铺加权点之一。随着手机端店铺整体页面装修逐步完善，我们需要了解PC端的详情页如何导入手机端，以及如何设计手机端详情页。

任务分解

在前面的学习任务中，我们已经掌握了详情页的设计流程。接下来我们除了将PC端的详情页导入手机端之外，还要开始着手对手机端商品详情页进行设计。本任务主要分为两个活动：①导入PC端详情页；②生成详情模板。

活动1　导入PC端详情页

活动背景

实习生小可在前面的学习中已经掌握了商品详情页的设计方法；公司需要她将PC端的详情页导入手机端，从而带给客户更好的购买体验。接下来一起和小可学习如何将PC端详情页导入手机端吧！

知识窗

> PC端详情页导入手机端之前需要注意该商品详情页中的图文信息是否适合手机端页面展示。比如：
>
> ①布局的合理性，分类结构明确。
>
> ②配色的运用，手机端视觉受限，颜色尽量鲜亮，如PC端页面风格为深色系，在导入时则需要考虑，最终显示效果是否可以引起消费者的愉悦性。

活动目标

了解PC端详情页导入手机端的操作方法。

活动实施

步骤参考如下：

（1）进入详情装修页面。单击"卖家中心"→"店铺管理"→"手机淘宝店铺"→"立即装修"；单击"情详装修"，如图6.3.1所示。

图6.3.1

（2）导入PC端详情。点击要导入商品的"装修详情"；进入页面后单击"导入"→"导入详情"→"导入电脑端详情"，效果如图6.3.2、图6.3.3所示。

（3）完成导入。根据情况进行选择，单击"确认"按钮。PC端详情页就导入完成了，如图6.3.4所示。

（4）PC端导入方法。除了在装修页面导入之外，PC端在上架商品时，也可以直接导入手机端，如图6.3.5所示。

图6.3.2

图6.3.3

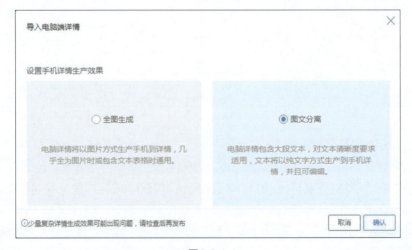

图6.3.4

图6.3.5

活动评价

通过本活动的学习, 小可学会了导入PC端详情页, 能在手机端装修详情页面并导入。

活动拓展

尝试对店铺的其他商品详情页, 进行详情装修导入页面的操作。

活动2 生成详情模板

活动背景

为了满足手机端的视觉需求, 小可要把布局构图、背景风格等不适宜直接导入手机端的商品详情页, 重新生成手机端详情页。小可要如何操作呢? 一起来学习吧!

🗄 知识窗

　　随着手机全屏时代的到来, 屏幕的高度尺寸也产生了变化; 受到屏幕限制的原因, 可以考虑利用竖版构图展示商品信息。

　　设计时可以将一张完整图显示在一屏的浏览界面上。详情页一屏的参考尺寸如下:

①iphone8 5.5寸, 淘宝: 750 px×1 118 px; 天猫: 790 px×1 178 px。

②安卓机6.0寸全面屏, 淘宝: 750 px×1 297 px; 天猫: 790 px×1 366 px。

实际尺寸可结合手机用户大数据分析以及店铺商品特点等。

活动目标

了解手机端详情页单屏的构图和设计理念, 掌握手机端详情页的设计要素。

活动实施

设计步骤参考如下:

(1)手机端详情页单屏的基本构图法。手机浏览的连贯性不如PC端, 所以商品详情页必须简单直接，尽量将商品卖点和展示重点放在前面；可以吸引消费者的注意力。打开"项目6"→"6.3.7素材"图片，参考尺寸：750 px×1110 px，参照效果图进行商品的摆放，如图6.3.6所示。

（2）优化图片和文字。手机端详情字体要适中，不宜过小；文字配色可选用商品颜色，使画面感统一、简洁。只描述重要的东西，往往转化率越高。要打消买家顾虑，解决买家最关心的问题，坚定买家购买决心。如图6.3.7所示。

（3）在线生成详情模板。与手机端导入详情页方式相同；在手机端装修页面进入"详情装修"。点击右侧模块可以进行详情页的图片、文字、视频、动图等内容的添加。可在页面中进行图文编辑、生成详情模板。红色区域①：可以对模块进行上下顺序调整，复制模块、删除本模块等操作。红色区域②：可对该模块内容进行链接添加、图片插入、字体设置等常规操作。如图6.3.8所示。

图6.3.6

图6.3.7

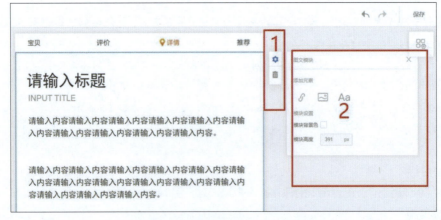

图6.3.8

活动评价

通过本活动的学习，小可掌握了手机端详情页设计能力，了解了手机端详情页与PC端的不同之处。画面整体布局符合手机端浏览习惯，能够对比PC端的图文，对手机端图文进行优化。

活动拓展

请根据所提供素材，为手机端店铺设计详情页前三屏的内容，要做到抓住消费者目光，使其对商品产生兴趣，愿意继续浏览下去。

项目 7
提高微店装修视觉化设计

▣ 项目综述

　　微店作为微商的手机端店铺，是消费者和微商进行线上交易的另一类App平台。微店依靠手机端丰富的资源和活跃的消费者群，可以通过SNS平台，如微信、微博、QQ等作为推广渠道，直接与消费者联系进而产生交易行为。微店注重卖家通过朋友圈、粉丝群、群聊组等社交媒介口口相传推广店铺及商品，并通过代购、分销、直营等方式达成交易，同时买家在社交平台还能够形成广泛的二次传播。因此微店能长期更好地维护消费者，提高复购率，提高品牌知名度。

　　乐乐包袋皮具公司的网销团队为了扩大销售渠道和品牌知名度，在建设淘宝PC店和手机淘宝店的同时计划开设微店。利用"移动+社交"的商业模式，拓展企业和品牌在消费者社群的知名度和影响力，扩大产品的销售。

▣ 项目目标

　　通过本项目的学习，应达到的具体目标如下：

知识目标

◇能根据公司的要求，掌握微店的创建流程。

◇了解微店的基本结构和内容。

◇熟练设置微店首页模板。

◇熟练装修淘宝店铺一键搬家商品详情页。

能力目标

◇能够完成微店的注册。

◇熟练添加商品到微店。

◇能够熟练设置淘宝店铺一键搬家到微店。

◇熟练对微店应用页面进行装修，达到一定的视觉设计效果。

素质目标

◇熟知微店美工岗位的日常工作内容，树立职业认同感。

◇提高学生严谨的工作态度。

◇培养团队合作能力，沟通能力。

项目思维导图

```
                                                任务1    走进微店        活动1    开通微店
                                                                        活动2    了解微店基本结构和内容
实战篇：提高微店装修视觉化设计
                                                任务2    装修微店        活动1    设置微店首页模板
                                                                        活动2    设计淘宝店铺一键搬家商品详情页
```

>>>>>> 任务1
走进微店

情境设计

为了打造全新的销售模式和扩宽销售渠道，网销团队决定为乐乐包袋皮具有限公司创建一个微店。首先，需要了解一下微店的结构和内容。与PC端的网店相比，手机端的店铺由于受到手机屏幕大小的限制，店铺承载的信息有限，且用户使用手机端店铺多在碎片化时间，因此手机端店铺的设计和装修十分重要。了解微店的结构和内容，将有助于在有限的手机屏幕空间里呈现最有效的店铺信息和商品信息，还可以给顾客留下深刻的印象，并增加顾客对商品的购买意愿。

任务分解

网销团队在创建了淘宝PC店和手机淘宝店之后，根据统一的视觉风格，创建微店。为了达到统一的店铺风格，在店铺的结构和内容中将采用统一的视觉元素，呈现统一的视觉效果。本任务主要分为两个活动：①开通微店；②了解微店的基本结构和内容。

活动1　开通微店

活动背景

网销团队了解到，微店原名"口袋购物微店"，是帮助网络小微企业和小店创业者在手机开店的软件。其最大的特点就是没有任何门槛，不收取任何费用，而且操作简单便捷。接下来就一起来看看微店是如何创建的吧。

🗂 知识窗

微店是2013年9月份上线的全球第一个云销售电子商务平台，微店的上线，标志着个人网商群体的真正崛起。

微店网的"微店"本意是：开网店无须库存，无须发货，不用处理物流，只需通过社交圈进行推广，即可从网络销售中获得佣金收入，是一种高效的网络分销模式，供应商负责发货，微店主负责推广，这里的微，不是移动互联网的概念，"微"是轻松的意思。

对供应商来说，节约了推广成本，对微店主提供了零成本创业平台。对于商家而言，微店的模式减轻了他们的推广负担，可以更加专注于产品的研发。对于网民来说，开微店无需资金成本、无需寻找货源、不用自己处理物流和售后，是适合大学生、白领、上班族的兼职创业平台。

活动目标

创建微店，掌握微店的注册创建流程。

活动实施

微店的安装使用方式，有PC端和手机端，因此微店的安装使用方式也有两种。

（1）在PC端登录微店官网直接使用，如图7.1.1所示。

图7.1.1

（2）在手机端的软件应用商店下载并安装微店App使用，如图7.1.2、图7.1.3所示。

图7.1.2   图7.1.3

微店App安装好后，就可以进行注册创建了，注册的步骤如下：

PC 端
微店注册

手机端
微店注册

（1）PC端微店注册，可扫码二维码观看视频。

（2）手机端微店注册，可扫码二维码观看视频。

活动评价

通过本活动的学习，小可创建了微店，完成了店铺名称、Logo设计，店铺介绍，经营主体类型和经营模式的选择，完成微店注册创建。

活动拓展

尝试自己创建一个微店。

活动2　了解微店基本结构和内容

活动背景

网销团队已经将微店创建起来，随着微店的不断发展，微店的基本结构和功能也在不断优化，以方便经营者更好地服务消费者。要更好地利用微店的各项功能，就需要对微店的基本结构和内容有更全面的了解。网销团队决定对微店的基本结构和内容进行全面了解。

🖥 知识窗

男怕入错行，女怕嫁错郎。作为开店新手，选择适合自己的行业很重要，同时也会对自己销售产生一定的影响。不管是全职还是兼职，都应该多了解微店热门商品，时刻关注销售排行榜，然后从最吸引人且自己比较感兴趣的热门产品入手。

明确商品定位和目标客户群，针对商品采取合理的定价和促销措施，在微店中上传商品信息的同时，附上精美的商品展示图片和详细的商品说明。如果商品是在实体店不容易买到且具有价格优势的商品，要突出展示，以增强买家的信服力。

活动目标

了解微店的基本结构和内容。

活动实施

通过"微店店长版App"，打开微店，店长版微店可以更好地为卖家开展店铺运营管理。

微店的应用功能界面也由原来的"九宫格"发展成为现在拥有众多功能，可以定制化应用功能的界面，其主要应用功能有：店铺管理、客户管理、商品管理、订单收入、数据分析、营销推广、大咖带路、服务市场、社区、微客多和更多等。如图7.1.4所示。通过"更多"，可以让卖家根据需要定制化地扩展添加一系列功能，包括店铺运营、商品交易、客群维护、平台获客、分销代理、线下同城和营销玩法等及其下一级子功能。如图7.1.5所示。

店铺管理是指店铺的日常管理，主要包括店铺装修、店铺动态、店长笔记和活动页面等还有与店铺相关的店铺主体认证、店铺资料、店长资料、交易设置、子账号管理以及设置定制版小程序，如图7.1.6所示；客户管理是指店铺对客户的客情管理，包括客户总数、回头率、7日客单价以及潜在客户、成交客户的数据信息，同时基于社群营销的特点还为卖家提供了增强客户黏性的店铺会员功能、顾客群运营以及客户动态和口碑等功能,如图7.1.7所示;商品管理是指商品的上下架及其管理,同时基于商品的各项数据也可以同时呈现,如图 7.1.8所示。

图7.1.4　　　　　　　　　　图7.1.5

图7.1.6　　　　　　　图7.1.7　　　　　　　图7.1.8

订单收入包括了微店的订单管理和收入资产,其中在收入资产中为卖家提供了多样的收款方式和快速借款、经营贷等多种金融服务选择;数据分析是对店铺产生的数据流量的统计,包括了可视化实时数据,以及基于不同统计时点的客户分析、商品分析、交易分析和口碑数据。如图7.1.9—图7.1.11所示。

|图 7.1.9|图 7.1.10|图 7.1.11|

营业推广主要是指微店的各项推广功能。微店提供了内容丰富的营业推广功能,除了官方推广之外,还有打折工具、引流获客、新客成交、老客复购、裂变拉新、特色工具、我要分销、线下工具等多种推广功能。如图7.1.12—图7.1.14所示。

|图 7.1.12|图 7.1.13|图 7.1.14|

大咖带路是指微店加入大咖团队,成为分销团队成员协助大咖开展商品分销,对于没有货源或缺乏运营能力的初创卖家不失为一种微店运营模式;服务市场是微店各项功能的集合,包括官方推荐、商家必备、货源服务、运营服务和微信营销互动,如图7.1.15—图7.1.17所示。

图7.1.15

图7.1.16

图7.1.17

　　社区是指微店的社区,包括商学院、直播课程等学习平台以及各类卖家社群,通过社区互动使卖家更好地熟悉微店功能,学习运营方法,拓展销售能力;微客多是微店官方的付费推广功能,可以通过微店强大的后台功能,通过多种手段,协助卖家有针对性地拓展营销渠道,从而实现精准营销。如图7.1.18—图7.1.20所示。

图7.1.18

图7.1.19

图7.1.20

　　以上就是微店的基本结构和内容。

活动评价

通过本活动的学习,网销团队了解了微店的基本结构和内容,了解了微店各结构内容之间的有效关联。

活动拓展

根据对微店基本结构和功能的了解,构建属于自己微店的结构和内容。

任务2
装修微店

情境设计

与PC端的网店相比,手机端店铺由于受到手机屏幕大小的限制,店铺承载的信息有限,且用户使用挂件手机端店铺多在碎片化时间,因此手机端店铺的设计和装修就显得尤为重要。如何在有限的手机屏幕空间里呈现最有效的店铺和商品信息,最大化获取店铺流量,是微店商家成功的关键。良好的店铺装修,不仅可以美化店铺,还可以给顾客留下深刻的印象,从而增加顾客的购买欲望。

任务分解

本任务主要分为2个活动:①设置微店首页模板;②设计淘宝店铺一键搬家商品详细页。

活动1　设置微店首页模板

活动背景

在微店中,由于页面位置有限,店主要想多方面展示商品,让顾客对店铺和商品有全面的了解,就必须对店铺页面进行规划、布局和设计。微店的首页设计非常重要,是微店设计的重中之重。在设计微店首页前,先要了解微店首页的主要功能并对微店框架有一个大致的构想,整理出一个清晰的设计思路,然后根据商品属性和目标人群定位确定首页的设计风格。

🖵 知识窗

在设计中有一条"七秒定律",人关注一个商品的时间通常是7秒,而这7秒时间内影响70%的人购买的第一要素是色彩。

同一板块内不要超过3种颜色。这3种颜色可以看作是主色、辅助色、点缀色。这样的配色能让页面看起来和谐与统一。微店首页的页面本身很小,不适合过多地卖弄色彩。

另外，在设计时也可以多使用万能搭配色，如黑、白、灰等颜色。因为这些颜色比较百搭，跟任何颜色搭配起来都会比较和谐，容易表现出高端的感觉。背景色尽量以浅色调为主，因为在移动端上浏览时，浅色的背景色更能突出商品本身，使买家注意力集中在商品上。

活动目标

掌握微店首页的设计。

活动实施

与淘宝店铺相同，微店也需要进行装修，特别是微店首页。微店首页同淘宝店铺的首页一样，是店铺的门面，可以更好地吸引买家购买商品。作为微店其中主要包括店铺商品陈列装修、导航栏装修、广告装修、文字装修和营销模块装修等。

下面介绍微店封面装修的操作步骤。

第1步：登录手机微店，在进行店铺装修前，需要首先完成"商品管理"。在"我的店"页面点击"店铺管理"图标，如图7.2.1所示。在打开的"微店管理"界面中点击"店铺装修"图标，如图7.2.2所示。

图7.2.1　　　　　　　　　　　　图7.2.2

第2步：在"店铺装修"界面的最下方，可以点击"切换模板"，如图7.2.3所示。在切换模板中有节日促销、简约、炫酷、可爱等多种微店首页模板可供选择。店主可以根据售卖类型、所售产品特点等方面选择适合的首页模板。我们选择默认模板进行装修，如图7.2.4所示。在"店铺装修"界面，还会出现多处"插入"链接，点击后，将进入"插入模块"，其中包括商品、导航、广告、文字和营销模块等模块，在每一个模块中，又分为店主可免费使用的普通选项和需要通过付费购买使用的高级选项，如图7.2.5所示。

第3步：根据封面设计的需要，编辑各个插入模块。首先是商品陈列模块。我们选择两列商品陈列方式。如图7.2.6、图7.2.7所示。

图7.2.3

图7.2.4

图7.2.5

图7.2.6

图7.2.7

　　然后是导航模块。我们选择图片导航方式。上传商品图片，在图片下方附上不多于5个字的商品描述，并链接到对应商品页。在导航栏内最多可选择五件商品进行展示。如图7.2.8、图7.2.9所示。

　　接下来是广告模块。我们选择轮播广告。将广告商品图片上传后，链接到对应商品页。如图7.2.10、图7.2.11所示。

图7.2.8

图7.2.9

图7.2.10

图7.2.11

在文字模块，我们选择将输入的宣传文字居中展示。如图7.2.12、图7.2.13所示。

最后在营销模块，我们选择"秒杀"模式，编辑秒杀商品信息，包括参与秒杀的商品型号、开始时间、持续时间以及每人限购的商品数量等。如图7.2.14、图7.2.15所示。

第4步：在完成插入模块设置后，即完成了微店首页的装修。在"店铺装修"页面左下角，选择"预览"，可以查看插入各类模块后的微店首页装修效果。如图7.2.16、图7.2.17所示。

图 7.2.12

图 7.2.13

图 7.2.14

图 7.2.15

图 7.2.16

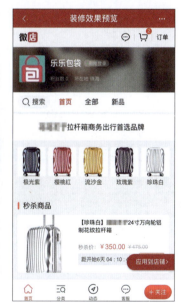

图 7.2.17

这样微店首页就设置完成了。

活动评价

通过本活动的学习，网销团队完成了微店首页的设置，完成了商品管理，微店首页模板的选择，微店首页插入模块的选择和编辑，微店首页整体呈现效果好。

活动拓展

根据微店店铺装修所提供的不同模块，结合本活动介绍的微店首页制作方法和所选择的商品特点，设计一款微店首页。

尝试选择不同的插件,并调整组合次序,使微店首页可以呈现不同的商品展示重点。

活动2　设计淘宝店铺一键搬家商品详情页

活动背景

微店强大的平台功能可以面向多平台商家,通过多平台一键搬家功能将指定店铺商品展示在微店平台。网销团队在已经开设淘宝店铺的基础上,为了扩大商品展示和销售的渠道,需要在微店对售卖产品进行展示和销售,准备将淘宝店铺一键搬家到微店。

📖 知识窗

> 多平台网店运营,企业通过不同类型的网店平台,展示并分销其产品的运营方式。这种运营方式在实践中能充分发挥各种平台之所长,有效提高运营效率,扩大顾客覆盖率,实现规模经济效益和降低运营成本。由于多平台网店运营的收入来源比单网店多,因此得到了越来越多商家的青睐。随着业务的不断发展,订单量逐渐稳定,大多数商家会从某一个或几个网店平台转向更多的网店平台。扩大店铺开设,增加销售渠道。

活动目标

设计淘宝店铺一键搬家到微店的详情页。

活动实施

多平台一键搬家功能是微店的一个较为成熟的服务市场功能。

第1步:登录手机微店,在"我的店"页面点击"服务市场"图标,如图7.2.18所示。在"服务市场首页"点击"多平台一键搬家助手"立即使用,如图7.2.19所示。在使用多平台一键搬家助手之前,需要用户对该功能进行授权确认。如图7.2.20所示。

图7.2.18

图7.2.19

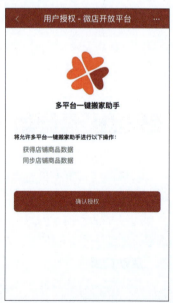

图7.2.20

第2步：进入"一键搬家助手"页面，可以看到，目前微店的一键搬家分为淘宝/天猫商品复制、从微店复制到微店、其他平台整店复制和其他平台单个商品复制等多个选项。如图7.2.21~图7.2.23所示。

第3步：我们需要从淘宝店复制商品，因此有三种方式可以采用。第一种采用"淘口令抓取"，即通过复制淘宝店铺的授权码方式复制淘宝店铺商品信息，上传到当前微店店铺。如图7.2.24所示。第二种采用"商品批量抓取"，即通过粘贴淘宝口令文本（单个）的方式，逐个复制商品信息，并上传到当前微店店铺。如图7.2.25所示。第三种采用"淘宝整店抓取"，即通过复制淘宝授权码的方式，且只能复制店主本人的店铺，不能复制他人店铺商品信息。如图7.2.26所示。

图7.2.21

图7.2.22

图7.2.23

图7.2.24

图7.2.25

图7.2.26

在通过任意一种方式复制淘宝店铺的商品信息并验证后,可以对淘宝店铺所有商品进行搬家平移,卖家可以按照需求自行选择。搬家后的商品属性和类目等都可以精准匹配手机端,并直接分享到朋友圈进行售卖。

活动评价

设置淘宝店铺一键搬家商品详情页评分见下表:

项　目	评分标准	分值/分	得分/分
淘宝店铺一键搬家	(1)多平台一键搬家功能的授权确认。	20	
	(2)多平台一键搬家功能的分类。	20	
	(3)淘宝店铺一键搬家的不同方法。	20	
	(4)淘宝店铺一键搬家的注意事项。	20	
整体效果	(5)淘宝店铺一键搬家商品详情页的呈现。	20	
总　分			

活动拓展

(1)采用不同的方法从淘宝店铺将商品一键搬家到微店。

(2)尝试在微店之间进行一键搬家的操作。

(3)开设其他商品展示和销售平台,并尝试从其他平台将商品一键搬家到微店。